Zorah sur la terrasse
Matisse à Tanger

ABDELKADER DJEMAÏ

Zorah sur la terrasse
Matisse à Tanger

récit

ÉDITIONS DU SEUIL
27, rue Jacob, Paris VIᵉ

L'AUTEUR A BÉNÉFICIÉ,
POUR LA RÉDACTION DE CET OUVRAGE,
DU SOUTIEN DU CENTRE NATIONAL DU LIVRE.

ISBN 978-2-02-102417-3

© Éditions du Seuil, mai 2010

www.editionsduseuil.fr

Le peintre doit se trouver
sans idée préconçue devant son modèle.

Henri Matisse

Je ne connais rien à la technique de la
peinture.
J'ignore tout de la critique d'art.
Je n'ai, pour motiver mes appréciations toutes
personnelles
et qui ne prétendent à rien de plus,
que ce que j'aime et ce qui ne me plaît pas.

Paul Léautaud

À Miloud, mon grand-père paternel

1

Cher Monsieur Matisse,

J'ai voulu vous parler et vous écrire parce que j'aime votre peinture et que mon grand-père paternel vous ressemblait physiquement. Il se prénommait Miloud et avait la même corpulence que la vôtre. J'ai vu l'une de vos photos en noir et blanc où vous êtes debout sur les rochers de la plage de Tanger, le poing posé sur votre flanc droit. On aperçoit derrière vous un ancien palais et une mosquée avec deux minarets. Ce jour-là vous portiez un turban et une djellaba pareille à la sienne.

Vous êtes petit-fils de tisserands, lui d'un paysan dépossédé de ses terres par la colonisation. Vos parents étaient des négociants en grains et des marchands de couleurs, à Bohain-en-Vermandois. C'est au Cateau-Cambrésis que vous pousserez votre premier cri le dernier jour de l'année mille huit cent soixante-neuf. Van Gogh, le solaire, est né, lui, de l'autre côté de la frontière.

Trente et un ans vous séparent de Grand-père. Il quitta la commune de Tafraoui, où il naquit en mille neuf cent, pour rejoindre, à une trentaine de kilomètres de là, Oran et son port avec son horloge en pierre aux longues aiguilles noires.

Installé dans le quartier de la Cité Petit, il réunira les siens dans une maison en pisé ouverte aussi aux fourmis, aux lézards et, parfois, à la pluie. Sa façade détonnait avec les autres, particulièrement avec celle du bel immeuble mitoyen qui appartenait à Pepe Calentica.

Il n'y avait pas chez nous d'eau courante, d'électricité, de téléphone et les toilettes étaient dans la cour. Faite de bric et de broc, composée de trois grandes pièces, la bâtisse tenait, avec son portail en bois, miraculeusement debout au 14 de la rue Tardieu. Une maison presque carrée comme votre tableau *Zorah sur la terrasse* qui me touche beaucoup. C'est là que je suis né, à la saison des feuilles mortes, et où j'ai grandi entre un commissariat de police sans fenêtres et un figuier aux fruits fades et cotonneux.

Dans la cour où fleurissaient les cailloux jaunes, les robes de ma mère et de mes tantes, les rêves des enfants et la djellaba de Grand-père, il n'y avait pas, comme dans vos toiles, des iris bleus, des pervenches et des mimosas. Ni des arums, des acanthes, des palmes ou vos fenêtres ouvertes, elles, comme une promesse sur l'horizon.

Pour voir la nature, il me fallait marcher un peu, traverser la dernière rue goudronnée pour me retrouver dans les champs qui bordaient, avec la vigne et les oliviers, le quartier. Je me souviens encore des agaves et des coquelicots derrière les murs du vieux cimetière où, depuis presque cinquante ans, Grand-père fait tranquillement sa sieste à l'ombre d'une pierre grise inclinée, aux lettres à moitié effacées.

2

Si vous me le permettez, je voudrais à présent vous parler d'un autre port aux eaux basses, celui d'une ville bleue comme vous la nommez. Il s'agit de Tanger où, à quarante-trois ans, vous débarquez, après trois jours de traversée et deux mois avant que le protectorat français ne soit officiellement établi. Votre ami, le peintre Albert Marquet, qui y a séjourné, vous a suggéré l'idée de ce voyage.

Vous arrivez le lundi 30 janvier 1912 à quinze heures. Cet après-midi-là la mer est agitée et votre épouse, Amélie Noëlie Matisse, née Parayre, est avec vous sur le *Sar Ridjani*. Le paquebot a mouillé au large, puis des embarcations vous ont ramenés à quai dans un désordre indescriptible qui effraya votre femme. Depuis deux semaines, il pleut à

torrents, la tempête a détruit des lignes télégra-
phiques et le courrier n'est pas régulièrement assuré.
Vous n'avez pas de chance, le temps sera, durant
ce premier séjour, souvent aux orages, au déluge,
à la drache comme on dit chez vous, en Picardie.

Pendant presque un mois, à l'extrême pointe
du continent, la ville, d'habitude calme comme un
oranger d'Andalousie, est dans les mains du vent,
du froid et de la boue qui colle à vos semelles. En
face d'elle, au cap Spartel, l'océan Atlantique et la
mer Méditerranée sont, depuis des siècles, noués
par un ruban indéfaisable et invisible.

Vous occupez, au second étage de la Villa de
France, la chambre 35 qui est petite, avec deux
fenêtres et une salle de bains. La route pentue qui
conduit à l'établissement est pavée de cailloux
ramassés sur la plage. Il n'y a pas longtemps les
bêtes venaient brouter jusque sous ses murs. Malgré
ses jardins, ses fontaines et son patio aux belles
mosaïques, l'hôtel, tenu par une certaine madame
Davin, est de qualité moyenne. Mais vous avez
vue sur la baie, et cela vous ravit.

Debout dans vos bottes et avec vos éperons de cavalier, le buste légèrement dressé, le front haut et le costume bien coupé, on vous voit, sur une autre photo, au milieu de la chambre avec Amélie. Près d'elle, votre *Paysage vu d'une fenêtre* que vous venez d'achever est accroché sur le mur, sans cadre et un peu de guingois. Vous avez ôté votre chapeau, elle a gardé le sien sur la tête. Il est différent de celui du portrait que vous avez peint d'elle, *La Femme au chapeau*, qui a provoqué un scandale retentissant au Salon d'automne de 1905.

Sur cette photo, prise par votre ami le peintre Charles Camoin, Amélie, l'allure décontractée, porte une longue écharpe et un ensemble, noir comme votre barbe, qui tombe sur ses bottines à hauts talons. Dans sa main droite, elle tient, comme une arme, une sorte de badine. Sa moue légère et son air déterminé semblent dire qu'elle n'a toujours pas peur de cette ville au statut particulier. Une ville de quatre à cinq mille habitants réputée sulfureuse pour ses trafiquants, ses pédérastes, ses proxénètes, ses espions et ses diplomates drogués.

3

Dans ce pays «immobile et fermé» comme le définissait Pierre Loti dans *Au Maroc*, un récit que vous avez lu, vous n'ignorez pas que le temps n'est pas seulement à la pluie, mais aussi aux troubles, aux assassinats, aux conflits internes et aux soulèvements des tribus.

Après le bombardement de Casablanca, cinq ans avant que vous ne veniez ici, le futur maréchal Lyautey, devenu résident général, est à la tête de 70 000 hommes. Pour impressionner le sultan Moulay Hafid, les troupes françaises marcheront sur Fès, l'une des trois capitales impériales avec Rabat et Marrakech. Fès, où vous aviez l'intention de vous rendre et que visita Eugène Delacroix, quatre-vingts ans plus tôt, à l'époque où les navires de guerre comme la *Béarnaise* ou le *Suffren* exhibaient dans la rade de Tanger leurs muscles en acier trempé.

En 1905, c'est autour du yacht impérial, le *Hohenzollern*, de mouiller dans le port. Avec ses moustaches en tire-bouchon et son casque surmonté d'une aigle à l'air martial et aux ailes fièrement déployées, le kaiser Guillaume II en descendra pour jouer les trouble-fête. Sous prétexte de défendre l'indépendance du Maroc où, depuis le XVIIe siècle règnent les sultans alaouites, descendants du Prophète, il exigeait, lui aussi, sa part du gâteau au miel. Neuf ans plus tard, les troupes allemandes seront, pour la seconde fois, chez vous, dans le Hainaut. L'occupation sera, comme en 1870, très dure.

Naturellement, après ces intimidations et ces menaces, les étrangers ne sont pas en odeur de sainteté dans ce Rif rude et rebelle où, durant cinq années, entre 1921 et 1926, Abdelkrim el-Khattabi combattra les Espagnols et l'armée française commandée par le général Pétain. Pour arriver à leurs fins, les deux puissances utiliseront les blindés et l'aviation.

Les routes sont dangereuses, notamment dans cette région montagneuse du nord-ouest de l'Atlas, habitée en majorité, avec les Espagnols et les juifs, par des Arabes et les Berbères. Votre *Rifain debout* montre l'un d'eux, en djellaba au ton printanier avec des motifs floraux et un turban solidement posé sur la tête. Le torse ferme, une bandoulière lui barrant l'épaule droite, le front large et le regard clair, ce montagnard exprime, malgré son silence et ses bras incertains, une force paisible qui pourrait soudain tourner comme le lait ou le vent.

4

La campagne et les dunes de sable sont tout près des remparts qui protègent la ville pour le moment engourdie et frileuse. Pour la plupart en terre battue et sans éclairage, ses rues et ses places sont pleines de paysans, de petits commerçants, de mendiants en guenilles, d'éclopés et de *derouiches*, des illuminés qui prédisent, en levant les bras au ciel, la fin du monde pour bientôt.

Au silence des artisans occupés au fond de leurs échoppes répondent les cris des marchands d'eau, des vendeurs ambulants, le braiment des ânes, la rumeur du port, la sirène des bateaux et les voix des muezzins appelant, cinq fois par jour, les fidèles à la prière.

Côté spectacle, il y a les joueurs de *gasba*, la

flûte de roseau, de tambourin, les charmeurs de serpent, les magiciens, les conteurs, les arracheurs de dents, la transe et l'extase des Aïssaouas qui inspireront Delacroix et Camille Saint-Saëns pour sa *Danse macabre*.

Très prisées, les fantasias, qui se déroulent sur le plateau de Marshan, soulèvent, au milieu des chevaux barbes et des salves de fusils maures, des nuages de poudre grise et de poussière jaune. La performance consiste à coordonner avec précision le galop des cavaliers sur une même ligne, à tirer au même moment et à s'arrêter net après une course généralement de trois à quatre cents mètres.

Ceux qui en ont les moyens peuvent aller dans les boutiques et les bijouteries de la rue Siaghine qui relie, avec sa tour flanquée d'une horloge, le siège du consulat de France et l'église espagnole, le Grand et le Petit Socco.

Les marchés offrent des herbes, des épices, des dattes, du raisin sec, du poisson, des morceaux de mouton, de la volaille, des citrons, des amandes et des figues. Celles de notre arbre, qui était planté derrière la maison, ne régalaient que les fourmis et les moustiques. Les pastèques et les oranges seront, elles, les sujets de deux de vos plus belles œuvres, *Les Marocains* et *Nature morte aux oranges*.

Malgré son courage, peut-être qu'Amélie la Toulousaine, qui vous est dévouée corps et âme et qui posera plusieurs fois pour vous, craint de vous voir envoûté par des odalisques expertes en philtres d'amour et aux mains rendues encore plus douces par le henné.

Elle se méfie également des Européennes trop parfumées qui bourdonnent, en rivalisant d'élégance et de stratégies, dans les réceptions données par les onze représentations diplomatiques installées dans la ville. Je ne crois pas que vous les ayez longtemps fréquentées, même si le consulat de France a mis quelquefois à votre disposition un interprète.

5

Au-dessus des palmiers, votre fenêtre s'ouvre sur les terrasses de la médina, sur le Grand Socco et le toit de l'église anglicane Saint Andrew's, avec son petit cimetière aux grandes dalles de marbre blanc. Sur la voûte du chœur est gravé un pater noster traduit en langue arabe. Réalisé par des artisans de Fès, son clocher, en forme de minaret, fait face à celui de la mosquée de Sidi Bouabid. Cet ensemble est visible en grande partie avec des verts, des bleus, du jaune et du rose dans *Paysage vu d'une fenêtre*. En bas, il y a, à droite sur une plage, deux chevaux noirs et un cavalier tout de blanc vêtu au visage indistinct.

Quand le ciel est dégagé, vous pouvez apercevoir, à une quinzaine de kilomètres de la villa de

France, un bout de chair brune de l'Espagne. Le détroit de Gibraltar est juste là, à portée de vos yeux. C'est par ce passage stratégique que les oiseaux migrent vers le soleil d'Afrique et que les dauphins au ventre argenté glissent tranquillement d'un océan à une mer. D'une époque à l'autre, Tanger fut phénicienne, carthaginoise, vandale, byzantine et romaine. C'est d'ici que le général Tarik Ibn Ziad, qui donnera son nom au détroit, fit passer, en 711, ses troupes pour conquérir la péninsule Ibérique qui restera musulmane durant sept siècles.

À la différence de Grand-père, qui n'avait voyagé que pour venir en carriole s'installer à Oran, vous êtes allé dans plusieurs pays, même si vous vous considérez comme un travailleur sédentaire qui n'aime pas le pittoresque.

Du monde musulman vous ne connaissiez jusque-là que l'Algérie où, après la Bretagne, Londres, Ajaccio, la Côte d'Azur, Collioure, Madrid, l'Andalousie et Moscou, vous vous êtes rendu en mai 1906 grâce à un ami de votre père, un marchand de grains marseillais qui commerçait avec ce pays.

Vous aviez aussi visité les expositions sur l'art islamique qui se sont tenues à Paris, au pavillon de Marsan et à Munich où vous découvrirez, avec Marquet, les miniatures persanes.

Jeune homme du Nord qui venait de quitter son emploi de clerc d'avoué, vous allez donc d'abord à Alger, semblable pour vous à « l'infect Paris ». Puis, après Constantine et Batna, vous arrivez dans l'oasis de Biskra avec ses femmes du Sud, comme celles de la tribu des Ouled Naïls, réputées pour leur danse du ventre et leur sensualité qu'on qualifie, avec un air entendu, de débridée.

Les cartes postales, couleur de chocolat clair, les montrent tatouées, la cigarette aux lèvres ou fumant le narguilé, les seins mordorés et le sourire aguichant. Elles provoquent sans doute des émois inoubliables chez les légionnaires qui sentent le sable chaud, les fonctionnaires esseulés, les célibataires à la peau trop blanche et les représentants de commerce venus, avec leurs bretelles et leurs fantasmes, de la métropole.

Vous trouvez que le pays où vous resterez une quinzaine de jours est un « gros morceau », une belle terre, mais il y fait trop chaud. Vous avez envie, comme à Tanger suant de pluie, « de foutre le camp sans avoir rien fait », écrivez-vous à votre ami André Derain, un autre fou de la lumière et dont vous aviez fait un portrait. Mais votre voyage n'aura pas été vain. Avant votre *Algérienne*, vous peindrez, à Collioure, un *Nu bleu*, (*Souvenir de Biskra*) qui sera décrié par la critique. À Chicago, des reproductions furent, en 1913, brûlées et votre nom violemment conspué par des étudiants en art. Cela ne vous empêchera pas, en 1930, de revenir en Amérique après un séjour de trois mois à Tahiti.

La critique française ne vous épargnera pas non plus. Sur un ton moqueur, Roland Dorgelès, l'auteur des *Croix de bois*, prix Fémina-La Vie heureuse 1919 et futur président de l'Académie Goncourt, écrira, dans la revue *Fantasio* du 1er décembre 1910 : « M. Henri Matisse accueille les louanges les plus déraisonnables avec la gravité d'un derviche [...] Nous ne tenons nullement rancune à M. Matisse de peindre à la manière des décorateurs malgaches, puisque le métier est bon ;

mais une chose nous navre, c'est de penser que certains étrangers crédules peuvent juger l'art français d'après ces stupéfiantes productions. S'il se trouve au monde un Tchèque ou un Rouméliote assez décrépit pour croire que *La Musique* et *La Danse* sont le dernier mot de notre art, M. Matisse est un bien grand coupable. » Et Dorgelès, à qui on doit, en 1940, l'expression *Drôle de guerre*, de conclure, toujours dans ce style fleurant le racisme : « M. Matisse peint comme un nègre en parlant comme un mage. »

6

Pour vous distraire à Tanger, jadis occupée aussi par les Portugais et les Anglais, vous avez emporté avec vous des livres et votre violon, un instrument que vous aimez beaucoup, comme Delacroix. Peut-être avez-vous joué dans votre cabine ou sur le pont du *Sar Ridjani*. Si vous n'étiez pas peintre, vous pourriez, direz-vous au photographe Brassaï, gagner votre vie en devenant musicien ambulant.

Avant de manier, à la fin de votre existence, les ciseaux pour « tailler dans le vif de la couleur » de papiers gouachés, vous aimez également palper, sentir et découper les tissus. Car, pour vous, les matières doivent, comme les couleurs, « remuer le fond sensuel de l'homme ». Vous devez sans doute regretter de n'être pas allé à Fès, une ville discrète et raffinée. Vous auriez rencontré, dans le fondouk de Jiaf, les fabricants de tapis et les tisserands dans leurs antiques ateliers aux ombres claires où l'on trouve toujours des théières et des cruches d'eau fraîche.

Près de là, vous auriez pu également voir de l'une des terrasses du quartier des tanneurs, les dizaines de cuves aux fortes odeurs disposées comme sur une palette multicolore. Elles ne ressemblent pas à celles du Nord, votre région trop vite et trop fortement industrialisée et dont l'une des couleurs dominantes est le noir des fumées d'usines.

Ce goût et votre savoir-faire dans le domaine du textile viennent de vos parents qui exercèrent un moment à Paris, votre père comme vendeur dans un grand magasin et votre mère, Héloïse, comme modiste. Ce sont eux également qui, par leur exemple, feront de vous un artiste infatigable et méticuleux. « Comme mes parents, je me suis dépêché au travail, poussé par je-ne-sais-quoi, par une force que je perçois aujourd'hui comme étrange dans ma vie d'homme normal », écrivez-vous dans un message adressé le 18 novembre 1952 à votre ville natale à l'occasion de l'inauguration du musée portant votre nom. Trente années plus tard, ce dernier, installé à l'Hôtel de Ville, sera transféré dans l'ancien palais Fénelon où sont actuellement exposées plus de 170 de vos œuvres.

Rien ne vous prédestinait à devenir peintre. Vous n'oublierez jamais que c'est Héloïse qui a été à l'origine de votre « vraie voie ». Elle a eu la bonne idée de vous offrir, après votre opération due à vos fréquentes crises de coliques, une boîte de couleurs et des chromos. Vous aviez vingt ans et vous aviez fait des études de droit avant de prendre des cours de dessin dans la ville voisine, à Saint-Quentin, où naquit, en 1704, le grand portraitiste Maurice Quentin de La Tour qui a fondé l'école où vous prendrez des cours de dessin.

Parmi vos bagages, il y a votre vieille malle qui vous accompagne dans tous vos voyages. Elle est pleine d'étoffes, de morceaux de tapisseries, de costumes, de châles, de gandouras et de brocarts en soie. En la voyant derrière vous sur la photo de la chambre 35, j'ai pensé au vieux coffre en bois peint et clouté de cuivre de Grand-mère. Sous son couvercle rebondi, elle gardait les trousseaux de mes tantes avec leurs chaussures brodées, leurs sarouals de velours, leurs larges ceintures et leurs robes en lamé qu'elles mettaient parfois pour se rendre à des mariages, des baptêmes ou des circoncisions.

Ma mère glissait, elle, ses maigres bijoux sous son linge, dans le fond obscur de l'armoire en aggloméré et aux poignées en métal doré. Lorsque nous manquions d'argent, elle l'ouvrait pour retirer un louis ou deux de son collier ou sortait sa paire de bracelets qu'elle avait reçus en dot. Elle les serrait dans un mouchoir qu'elle enfouissait entre ses seins puis nous allions au centre-ville les déposer au mont-de-piété de la rue Ozanam. De couleur jaune et marron, le bâtiment m'impressionnait avec ses colonnades, ses escaliers raides, sa verrière rectangulaire et ses guichets en fer forgé.

La plupart de vos acquisitions proviennent des pays de l'Orient pour lequel vous avez de l'admiration et de l'amitié. «C'est par là, écrivez-vous en 1947, que la révélation m'est venue: […] Par ces accessoires, cet art suggère un espace plus grand, un véritable espace plastique. Cela m'aida à sortir de la peinture d'intimité.»

Le 14 avril 1912, vous reprendrez le bateau en emportant, comme vous l'avez fait en partant de Biskra, des objets et de nombreux carreaux de céramique murale, des zelliges ornés de motifs floraux ou de dessins géométriques.

Pour l'instant, la ville natale d'Ibn Battuta, le «plus grand voyageur de l'Islam», un contemporain de Marco Polo, vous résiste comme le fera Zorah quand vous l'inviterez à poser pour vous. Sous le ciel bas, la ville, entourée de collines, de vallons et qui avait été fortifiée pour ne pas tomber dans les mains des envahisseurs, continue de se cacher derrière les trombes d'eau et le vent glacial. Il suffirait, pour que vous puissiez travailler à votre gré, qu'il fasse enfin beau pour qu'elle s'ouvre à vous comme un abricot ou une grenade à la peau déchirée et aux grains rouge et or.

7

Avant que ne revienne la lumière que vous trouvez plus douce que celle de la Méditerranée, une lumière que vous voulez attraper avec vos mains comme un papillon de toutes les couleurs, je vous devine nerveux et, parfois, tendu dans ce Tanger où il fait « clair comme dans une cave ». Vous étiez dans cet état déjà bien avant de monter sur le *Sar Ridjani* qui partit de Marseille, la porte royale d'un Orient enchanté et généreux. Aussi mystérieux que l'Afrique, il promet lui aussi aux audacieux la richesse matérielle, les épices de l'aventure, les parfums de la découverte et l'ivresse d'une sensualité poivrée.

La mort de votre père avec qui vous aviez des relations difficiles, les morsures du doute et de la critique, le refus d'une toile par le collectionneur Chtchoukine et les problèmes financiers pèsent sur vous. Les insomnies, comme celles que vous avez vécues durant deux mois à Séville, ne sont pas en reste. C'est pire que d'avoir mal aux dents ou au foie, même si la bière vous aide parfois à dormir. Certaines nuits Amélie vous fait la lecture pour amener la tranquillité dans votre esprit.

Derrière votre fenêtre, et entre ses murs blancs, la ville, dont vous tentez de saisir les visages, les secrets et les fantômes, est allongée dans des draps mouillés. Peut-être fait-elle, dans le noir, des rêves dans plusieurs langues, dans plusieurs couleurs comme celles que vous avez utilisées pour votre *Fenêtre ouverte à Tanger*. Des touches énergiques d'orange, de vert, de rouge, de gris composent un paysage en mouvement dont seuls les plantes ou les arbres, qu'on voit au bas du tableau, semblent réels et immobiles.

On dit qu'il vous arrive aussi de pleurer, de soliloquer, de délirer devant une toile contre laquelle vous vous battez avec vos pinceaux. Mais vous n'êtes jamais dans la posture du Maître hystérique, grimaçant et criant son génie et sa douleur dans les salons, sur tous les toits ou sur toutes les terrasses.

Votre lucidité et votre sagesse vous font apprécier les artistes japonais de la grande époque qui, selon les frères Goncourt, « changeaient de nom plusieurs fois dans la vie pour préserver leur liberté ».

Vous, dont la vie, selon la belle expression d'Aragon, est un roman, vous menez une existence que vous voulez discrète, sans tapage et sans esbroufe. Une existence qui n'a pas toujours eu l'allégresse et l'harmonieuse arabesque des lignes et des formes bondissantes de vos *Luxe, calme et volupté*, de la *Joie de vivre* ou de votre *Danse*.

Vous devez quelquefois pester devant Amélie qui, j'imagine, sait rester sereine dans les moments difficiles de votre couple. Deux semaines avant le naufrage du *Titanic* au sud de Terre-Neuve, vous finirez vraiment par vous fâcher avec elle au port de Tanger, le matin de son retour en France, le 31 mars 1912.

Je me rappelle que, de temps à autre, on entendait dans le silence de la maison, où l'on ne parlait que l'arabe dialectal, ronchonner Grand-père.

Prudente et diplomate, pour éviter de tomber dans son piège, Grand-mère, qui, elle aussi, grognait parfois après mes tantes, ne disait rien jusqu'à ce qu'il retrouve son calme.

8

Après le départ d'Amélie, vous allez, pendant plus d'un mois, rester seul, mais tout n'est pas noir pour vous, même si votre moral n'est pas au beau fixe et que vous éprouvez des remords envers votre épouse. Propriétaire d'une immense villa bâtie à l'extérieur de la ville, Jack Brooks, un Anglais qui porte un nom de cinéma et vous paraît sombre d'esprit, vous ouvre un matin les grilles de son magnifique parc. Ce paradis, foisonnant de plantes et de couleurs, vient confirmer la légende que le jardin des Hespérides, où Hercule accomplira l'un de ses douze travaux, se trouvait géographiquement ici, à Tanger et dans ses environs.

De cet endroit tranquille et reposant naîtront *Les Acanthes*, *Les Pervenches* et *La Palme*. Vous aviez, dans la chambre 35 où vous étiez confiné, largement entamé le *Vase d'Iris* et *Nature morte aux oranges* achetée, plus tard, par votre ami Picasso. L'Andalou né sur l'autre rive, à Malaga, habita, comme Baudelaire dont vous avez, en 1947, illustré *Les Fleurs du mal*, l'Hôtel du Maroc, rue de Seine, à Paris.

Chaque année vous lui faites livrer une corbeille d'oranges qu'il expose dans son atelier en indiquant aux visiteurs que c'était votre cadeau. Personne alors, dites-vous à Brassaï, n'osait les manger. Picasso, que vous initierez à l'art africain, déclarera un jour : « Tout bien considéré, il n'y a que Matisse. » Tous deux vous avez, comme Gauguin, Braque, Mondrian et d'autres, une grande admiration pour l'œuvre de Paul Cézanne, le maître d'Aix-en-Provence. Votre *Luxe, calme et volupté* doit beaucoup à ses *Trois baigneuses*, un tableau qui vous a appartenu durant trente années avant que vous en fassiez don au musée du Petit Palais. Il vous a, selon vos propos, redonné courage, persévérance et foi dans votre travail.

C'est un autre Espagnol, et non des moindres,

Francisco Goya, qui vous fera découvrir une chose essentielle. Lors de vos difficiles débuts à l'École des beaux-arts de Paris, vous verrez ses toiles au Musée de Lille et vous comprendrez – ce qui va libérer vos forces créatrices – que la peinture est un langage.

Votre maître Gustave Moreau, qui prédira que vous la simplifierez, vous enseignera, lui, que «la couleur doit être pensée, rêvée, imaginée». Il vous conseillera aussi de ne pas vous contenter d'aller au musée et de vous frotter à la rue pour chercher la matière qui nourrira et fortifiera votre inspiration.

En venant, sans méfiance et sans préjugés, dans ce pays du Maghreb, vous ne pourrez pas oublier que Gustave Moreau fut également à l'origine de votre intérêt pour l'art musulman. Vous serez alors l'un des premiers à tenter de faire la synthèse entre ce dernier et celui de l'Occident, offrant ainsi à l'art moderne un espace plus vaste et plus riche dans ses formes et ses contenus.

9

Un mois après votre arrivée dans cette ville habituée à des saisons bien marquées, le mauvais temps – les habitants, plus étonnés que vous, n'avaient « jamais vu ça », écrivez-vous à Marquet – s'est enfin évaporé. Cette fois, au-dessus de votre tête, le ciel est d'un bleu limpide et souverain. Dure ou tendre, drue ou soyeuse, la lumière qui revient à présent vous blessera moins les yeux que vos insomnies à répétition.

Nous sommes le vendredi premier mars de l'année 1912 et vous vous sentez de nouveau ragaillardi devant le spectacle d'une nature qui remplit généreusement vos pupilles. Luxuriante et étincelante de beauté, elle n'est plus, derrière les vieux remparts et dans cette ville où les escaliers et les terrasses se déploient comme un éventail, qu'un immense champ éclaboussé de jaune, de rouge, de violet, de marron et de vert. Souvent utilisé dans les enluminures, ce dernier est aussi la couleur de l'espérance et de l'étoile ornant les drapeaux et les étendards en soie ou en velours de ce peuple qui aime l'épopée, le lait de chèvre et l'arganier, l'arbre fétiche qui donne une huile vierge aux reflets d'or.

Une autre légende raconte que Tanger est la première terre retrouvée, après le Déluge, par Noé, Sidna Noh. Alors qu'il se trouvait près des Grottes d'Hercule, en apercevant l'hirondelle qu'il avait envoyée en reconnaissance revenir maculée de boue, il se serait, la voix encore jeune et claire à neuf cents ans, exclamé en arabe : *Tine ja !* La Terre est là ! Et c'est ainsi, disent les conteurs sur les places de marché et de village, que le nom de Tanger fit son apparition.

Ressemblant à un voyage intérieur, les deux séjours que vous effectuerez au Maroc – vous reviendrez ici le 8 octobre 1912 – vous aideront à accomplir la transition nécessaire. Ils vous permettront, confiez-vous à Tériade, l'un de vos éditeurs, de retrouver un contact plus étroit avec la nature que n'avait pu faire «l'application d'une théorie vivante mais quelque peu limitée, comme était devenu le fauvisme». Ce premier grand mouvement de l'avant-garde du XXᵉ siècle dont vous étiez le chef de file, entrera, presque par effraction dans l'histoire de l'art en faisant, à travers votre *Femme au chapeau*, «rugir les couleurs» au Salon d'automne de 1905.

Vos anciens disciples Kees Van Dongen et Henri Manguin viendront, à des périodes différentes des vôtres, à Tanger. Quatre ans après vous, Jacques Majorelle installera son chevalet dans ses ruelles. Edgar Degas logera au Continental, un luxueux hôtel construit en 1870.

Paul Gauguin, le sauvage que vous admirez et dont vous avez acquis, trois ans auparavant, *Tête de garçon*, a préféré, lui, se perdre du côté des antipodes. Jusqu'à la fin sa vie, il se confrontera à d'autres vents, à d'autres bourrasques.

Du côté de la littérature étrangère, les écrivains américains débarqueront, eux, après la Seconde Guerre mondiale.

Durant ces séjours, vous vous intéresserez aussi à l'artisanat, aux costumes et à l'architecture mauresque.

J'ignore si vous appréciez la cuisine locale, mais je sais que c'est surtout votre inspiration que vous voulez nourrir en étant exigeant et persévérant dans votre travail.

Au cours des sept mois passés au Maroc – votre plus longue résidence à l'étranger – vous produirez, entre les premières et les dernières lueurs du jour, entre la boue et la fébrilité, la chaleur et l'angoisse, une vingtaine de toiles et une soixantaine de dessins, de carnets et d'études qui compteront dans votre riche œuvre.

En bon père de famille, malgré votre « horreur d'écrire », vous échangez souvent avec vos enfants et vos proches. Vous donnez aussi de vos nouvelles à vos amis restés en métropole et à vos collectionneurs, Sergueï Chtchoukine et Ivan Morosov, qui vivent en Russie. Le pays des hautes neiges, de Dostoïevski et des icônes aux figures hiératiques que vous aviez vues, en octobre 1911 à Moscou, lors d'une exposition sur l'art byzantin.

Vous raconterez à Amélie qui, le 23 novembre 1912, vous rejoindra à Tanger avec Charles Camoin, quelques-unes de vos journées. Votre principale distraction est de faire régulièrement des promenades à cheval sur la plage longue de trois kilomètres et demi. Quand il fait beau vous prenez des bains. Grand-père n'en prenait jamais alors que la mer était de l'autre côté de la ville. Quelques années plus tard, mon père nous emmènera barboter dans son eau tiède et salée. C'était comme si on rencontrait pour la première fois une cousine séduisante et lointaine. Une cousine aux yeux bleus dont je garde un mauvais souvenir : j'ai failli, à dix-sept ans, mourir noyé à Cap Falcon. Depuis, je ressens toujours une certaine frayeur à passer sur les ponts qui enjambent les fleuves et je n'ai toujours pas appris à nager.

Bien que vous vouliez, dans vos jeunes années, devenir marin, vous ne peindrez pas le littoral de Tanger. Camoin, que vous avez connu avec Marquet dans l'atelier de Gustave Moreau, le fera. Il s'intéressera aussi aux cafés maures, aux mosquées, aux scènes de rue et aux femmes qu'il peindra dans des «maisons malfamées». «Il sera bien forcé d'en venir à la vertueuse nature morte qui repose les sens», écrivez-vous à Marquet à qui vous demandez, en vain, de ne pas trop moisir au bord de la Seine et de vous rejoindre ici où il fait un temps splendide.

10

La ville est petite comme la chambre 35 où l'odeur forte de térébenthine et d'huile de lin imprègne vos draps. On peut en faire le tour assez vite. Vous croisez des officiers de marine dans leurs jolis uniformes, des voitures rutilantes, des fiacres avec des chevaux à pompons, des courtiers endimanchés, des gouvernantes anglaises et de richissimes Américaines descendues des luxueuses demeures nichées dans les collines.

Vous qui êtes plutôt un homme discret et pas très bavard, vous n'avez pas choisi de venir ici pour assister à ce spectacle ou pour faire la causette avec les résidents étrangers. Ce n'est pas non plus pour vous déguiser en touriste ébahi ou ensommeillé, capricieux ou blasé. Ce qui vous importe ce sont les gens de ce pays que vous respectez. Votre matériel sous le bras vous partez alors à la recherche de lieux, de vestiges, de visages, d'atmosphères, de vêtements, de parfums, de sons qui pourraient vous aider à peindre.

Vous évoluez aussi au milieu des odeurs de fleurs, de peupliers, de salpêtre, de brochettes, de soupe aux fèves, d'encens, de kif, de benjoin et, bien sûr, celles de la mer qui respire à côté. Comme à Lille ou à Saint-Quentin, les mauvaises odeurs ne manquent pas aussi. Les ordures sont enlevées à dos de mulet et l'hygiène laisse souvent à désirer.

Durant votre périple en Algérie, vous avez confié à Manguin que vous avez conscience qu'il faudrait passer plusieurs années dans les pays du Maghreb pour « en tirer quelque chose de neuf et qu'on ne peut prendre sa palette et son système et l'appliquer ».

Enfant, j'allais rarement au centre-ville, sinon pour consulter avec ma mère, un médecin ou pour l'accompagner, comme je l'ai dit au mont-de-piété. À voir le soin qu'elle mettait à me rendre présentable et la nervosité qui semblait l'étreindre sous son voile, je sentais confusément que ces magasins et ces rues, comme celles d'Alsace-Lorraine ou d'Arzew avec ses élégantes arcades, n'étaient pas faits pour nous. Et pourtant nous habitions, depuis de longues années, avec de nombreux Européens dans ce quartier de la Cité Petit où j'ai appris très vite à parler le français.

Quelquefois vous déambulez sur l'une des principales artères de Tanger, le boulevard Pasteur, avec ses jolies boutiques, ses restaurants, ses immeubles modernes et ses banques aux enseignes internationales.

Parfois, vous vous attablez à un café pour lire *L'Illustration*, le premier journal français à publier des photos, avant d'aller, peut-être, le soir, au cinéma ou jouer au billard.

Comme d'habitude, vous êtes au lit, au plus tard vers vingt-deux heures. Bien qu'il fasse régulièrement la sieste, Grand-père était lui aussi un couche-tôt. Sauf durant le mois de Ramadan où il veillait un peu avec nous, à la lumière des bougies ou du quinquet au tube de verre brûlant et au réservoir en cuivre évasé comme une théière.

Après le repas un peu plus riche qu'à l'ordinaire, nous nous réunissions dans la grande pièce où flottaient, comme dans la maison de votre enfance, l'odeur un peu douceâtre de la cire fondue et celle, plus âcre, du pétrole et de la mèche qui fume parfois.

11

À Tanger, que visitent parfois les embruns salés,
vous aimez l'atmosphère et le dépouillement des
cafés maures. Il vous est même arrivé de donner
un petit concert dans l'un d'eux. Vous travailliez à
côté lorsque, vers midi, vous avez entendu le son
d'un violon. Vous qui aimez aussi les chansons
populaires du Nord, que vous écoutiez chez vos
parents, dans les estaminets ou dans les cabarets,
vous avez emprunté au musicien son instrument
et vous avez joué pour les gens que vous avez
trouvés très gentils avec vous.

Mon grand-père, qui aurait pu être parmi eux,
appréciait la *gasba*, la flûte artisanale à six trous, les
chants bédouins de Cheikh Hamada, le couscous
au beurre et aux raisins secs et les chaussures en

cuir marron clair ou foncé qu'on appelait zit-zit parce qu'on les entendait crisser de loin.

Ce café, où vous êtes revenu plusieurs fois en fin d'après-midi, est-il celui que vous avez représenté sur un fond gris bleuté avec des rebords marron clair ? Dans une longue lettre illustrée de dessins que vous envoyez, le 25 octobre 1912 à Amélie, vous en dessinez les grands traits.

Dans le *Café arabe*, le petit vase de fleurs et les six hommes assis ou allongés, enturbannés et habillés de bleu et dont l'un semble jouer du violon, paraissent voguer dans l'espace, peut-être sous l'effet du kif. Au premier plan, deux d'entre eux observent l'évolution silencieuse des poissons rouges dans leur bocal.

En haut du tableau, l'arcature en bois ressemble à celle de la grande salle de repos du bain maure de mon enfance. Éclairé par la lumière de l'extérieur qui passait à travers les hublots, il sentait l'humidité, le savon parfumé et le crin mouillé. Il y avait trois séances par jour, celle de l'après-midi était réservée aux femmes. Avec ma mère ou mes tantes, j'y allai jusqu'à l'âge de huit ou neuf ans.

Avez-vous goûté aux délices de la salle chaude où vous fondez comme un morceau de beurre dans une poêle ? Un *moutcho*, un masseur spécialisé dans le craquement des os, vous a-t-il malaxé, sur les dalles de marbre, comme vous le faites avec la glaise de vos sculptures ? Ou vous contentiez-vous tranquillement de la douche et de la baignoire de votre chambre d'hôtel ?

Comme s'il avait mangé un kilo de piments rouges ou avalé une boîte entière de harissa, Grand-père en revenait sonné, assoiffé, écarlate, à bout de souffle, les yeux brillants et la tête enveloppée dans une grande serviette. Pour lui redonner des forces, Grand-mère lui préparait une citronnade bien sucrée qu'il sirotait étendu sur le flanc comme l'un des consommateurs de cette détrempe à l'huile réalisée avant votre départ définitif du Maroc. Elle me rappelle la cour caillouteuse et la cafetière en émail bleu que Grand-mère faisait bouillir au-dessus de la grille du *majmar*, du brasero. Toute la journée sur le fourneau à charbon, la vôtre était toujours disponible dans le magasin de vos parents, rue du Château, à Bohain-en-Vermandois.

Dans vos moments de détente, vous retrouvez James Wilson Morrice, un peintre canadien qui préfère, lui, le whisky et que vous avez connu l'année précédente à l'hôtel Villa de France qui accueille une clientèle variée.

D'origine marseillaise, Camoin, qui souffrira, durant son séjour à Tanger, de diphtérie, vous racontera l'histoire des deux morues débarquées, sous l'averse, à Martigues où il vécut. Ces dernières n'étant pas de Terre-Neuve, il s'empressa de leur demander si elles voulaient bien poser pour lui.

Vous aimez rire et vous êtes un peu triste que vos camarades de l'École des beaux-arts de Paris vous aient surnommé, à cause de votre blouse, vos petites lunettes rondes et de votre air qui paraît sévère, « le docteur » alors que vous êtes plutôt « gai, joyeux même ». Brassaï, à qui vous faites cette confession, est de votre avis. Il ajoute que vous êtes aussi un homme ironique et curieux.

12

L'envie de créer chevillée dans l'âme, un matin,
l'humeur légère et le pas confiant, vous quittez
la chambre 35. Vous voulez une fois encore vous
perdre dans la Casbah pleine d'enfants qui jouent ou
travaillent entre ses ruelles sans trottoirs et parfois
fâchées avec le soleil. Certaines des plaques sont
écrites en deux langues. Les fenêtres ne sont pas
nombreuses, à moins qu'elles ne donnent sur des
cours intérieures à la lumière feutrée et au sol carrelé.
Douces, fortes ou roulant comme des dés sur une
table, les voix se croisent entre leurs murs. Les plus
cossues et les plus chanceuses abritent, entre les
fils à linge et des cages de canaris, un citronnier,
un cognassier ou un puits décoré de faïences.

Je me rappelle qu'avec Grand-père nous allions

parfois chercher de l'eau douce chez madame Frontenac qui habitait, dans le haut de la rue Tardieu, la Villa des Hirondelles. Pour atteindre son puits planté dans un jardin silencieux, nous passions par son garage au rideau métallique à moitié levé. De couleur bleu clair, sa vieille Dauphine, qu'elle sortait rarement, dormait là entre des rangées d'outils, d'objets domestiques et un établi encombré de petits bidons et de pots de peinture.

Transportée dans des bonbonnes en verre, l'eau douce, qui venait des sources de Ras el Aïn et du barrage de Beni-Bahdel, était vendue dans les rues d'Oran par des charretiers. Elle ne coulera dans les robinets et dans les fontaines publiques qu'en 1948, l'année où je suis né, grâce notamment à Gabriel Lambert, maire et sourcier de son état. En soutane et casque colonial sur la tête, cet abbé défroqué, originaire de Villefranche-sur-Mer, défraya la chronique locale et nationale avec ses affaires de mœurs, ses positions politiques et son goût effréné pour l'argent.

Signalant leur présence en faisant tinter leur

clochette, des marchands ambulants la propo-
saient, parfumée avec des feuilles de laurier, sur les
marchés et dans les allées du souk de tissus de la
Ville Nouvelle qui se trouvait à quelques mètres de
l'hôpital central et de la Maison d'arrêt. Chaussés
de sandales en cuir, portant un costume tradi-
tionnel et un grand chapeau à pompons colorés,
ils pressaient sur leurs outres en peau de bouc ou
de chèvre aux longs poils luisants pour remplir
les gobelets au cuivre étincelant accrochés à leur
poitrine par des lanières de cuir.

Vous avez dû rencontrer les mêmes à Tanger.

13

Pour la peindre, vous avez plusieurs fois franchi la porte de la Casbah qui porte le nom de Bab el Aassa, la porte de la bastonnade. Vous arrivez sans doute essouflé, il vous faut grimper de nombreuses marches qui montent le long des ruelles dont l'une abrite le tombeau d'Ibn Battuta, en forme de proue. La mer est juste derrière votre dos, au pied des remparts brûlés par le soleil et le sel.

Dans votre toile, l'arche, bleue et verte, laisse entrevoir des maisons blanches, des fleurs, un palmier et, en arrière-plan, la découpe d'une colline. Sur le côté gauche, comme réfléchie par un miroir, on aperçoit une silhouette accroupie dans une sorte de pénombre. Elle pourrait être celle d'un artisan, d'un mendiant ou d'un voyageur qui fait une halte.

Avec son sol couleur magenta, *La Porte de la Casbah* formera, avec *Paysage vu d'une fenêtre* et *Zorah sur la terrasse*, le Triptyque marocain.

Peut-être avez-vous croisé ou connu Mohammed Ben Ali R'Bati (1861-1939) qui fit une belle aquarelle de cette entrée ? Né à Rabat, il s'installera à Tanger en 1886 où il finira ses jours. Considéré comme un peintre naïf, il a été le premier artiste marocain à exposer à l'étranger, notamment à Londres et à Marseille. Quelques-unes de ces œuvres sont conservées dans la Casbah, au musée de la Légation des États-Unis, la plus ancienne représentation diplomatique américaine dans le monde.

C'est à Bab el Aassa que les voleurs étaient châtiés, en public, à coups de bâton. À quelques mètres de là, votre épouse Amélie, frissonnante de peur, assista à une scène violente qui restera longtemps gravée dans sa mémoire. Comme elle le racontera, trente ans plus tard, à votre petit-fils Claude, le soir même, elle vous dira qu'elle avait vu les soldats d'un caïd aux yeux perçants et au physique imposant frapper à coups de canne de jonc la foule qui empêchait le passage de son cheval joliment harnaché. S'attendant au pire, elle le vit alors, le visage à moitié masqué, se retourner vers elle en leur ordonnant, d'une voix autoritaire, de respecter l'Européenne qu'elle était.

Avec frayeur ou fierté, les habitants se souviennent encore de Raissouli, le bandit des grands et petits chemins de Jebala, une contrée difficile d'accès située non loin de la ville. Ce Robin des Bois du Rif s'était spécialisé dans la prise d'otages étrangers qu'il échangeait contre une rançon astronomique et la libération de ses acolytes emprisonnés par la police du Makhzen placée sous l'autorité du représentant du Sultan qui réside au Grand Socco, dans le palais de la Mendoubia.

Raissouli kidnappa entre autres un journaliste et arabophone, le Tangérois William Harris, correspondant du *Times* et des services secrets britanniques. C'est lui qui vous avait mis en contact avec Jack Brooks, le propriétaire de la villa qui vous ouvrit les grilles de son immense parc où il y avait «à perte de vue des prairies d'oxalis fleuris en jaune, en rose ou en blanc ». Personnage haut en couleur, Raissouli, vous le dites sur une carte postale à Jean, votre fils aîné, vous a en partie inspiré *Le Rifain*, ce « magnifique homme avec des yeux de sauvage ».

Plus bas, sur la place, se dresse Dar el-Makhzen, un palais construit en 1684 par le sultan Moulay Ismaïl après avoir battu les Anglais qui détruisirent la Casbah avant de quitter la ville. Ce beau monument abrite aujourd'hui le musée des Arts décoratifs marocains.

14

Dans ce dédale ombreux et aux portes closes où vous trouvez peu à peu votre chemin et vos lieux préférés, vous continuez à chercher quelqu'un, précisément une femme d'ici, que vous avez peut-être croisée une fois, par hasard ou qu'on vous a présentée.

Était-elle, ce jour-là, vêtue, comme le veut la tradition, d'une tunique à capuche ou enveloppée dans un haïk blanc qui laisse à peine voir sa prunelle ? Il n'y a que ses mains et, peut-être ses chevilles, pour dire la couleur de sa peau.

Sans voile, ceintes d'une *fouta* rayée de rouge et de blanc, seules les paysannes, venues des douars pour vendre leurs poignées de fruits, de légumes ou un maigre poulet, ont le visage découvert.

Coiffées de grands chapeaux de paille, on ne fait pas attention à elles. Elles sont pauvres, et comme les folles ou les vieilles, elles n'ont rien à cacher ou à perdre.

Depuis mon enfance, je suis habitué aux silhouettes discrètes, orgueilleuses ou fuyantes des femmes voilées, comme si elles voulaient à la fois se livrer et se protéger du regard des hommes et de l'ardeur du soleil.

Je revois dans mon souvenir mes deux plus jeunes tantes, qui n'étaient pas encore mariées, s'apprêtant, presque avec fébrilité, à pousser le portail de la maison. Parfumées, légèrement maquillées, elles avaient passé sur leurs lèvres du *msouak*, l'écorce de tige de noyer qui blanchit les dents et fortifie les gencives. Grand-mère en faisait une décoction pour arrêter les diarrhées.

Une affichette créée vers 1900, et qu'on peut voir au musée des Arts décoratifs de la rue de Rivoli, vante les vertus de ce « dentifrice arabe » fabriqué et vendu sous la marque *Souak* à Paris, au 43, rue Lafayette.

Chaussées de talons aiguilles ou d'escarpins,

les yeux surlignés de khôl ou de rimmel, mes tantes s'étaient drapées avec soin dans un haïk en soie crème qui ajoutait à leur séduction. Les cheveux lâchés et le corps délié, leurs filles et leurs petites-filles porteront, elles, des minijupes, des bottes, des pantalons et des décolletés parfois audacieux. Deux d'entre elles feront des études supérieures.

Les jours de visite, comme ceux qui ont suivi la mort de Grand-père, le cimetière, où les femmes n'assistent jamais aux enterrements, était plein de taches blanches qui se mouvaient dans un paysage de tombes et de verdure luisante. Après avoir prié pour l'âme du défunt et distribué des dattes et de la galette de pain, le voile, cette fois posé sur leurs cuisses, elles parlaient entre elles des grands et des petits bobos de l'existence qui n'était pas toujours gentille avec elles.

Je garderais toujours dans ma mémoire le visage d'albâtre aux yeux magnifiques de cette paysanne de mon âge. Montée sur son âne, elle était descendue de ses collines pour puiser de l'eau à une source située aux abords de la route goudronnée. Je l'avais aperçue à travers la vitre du vieil autocar qui sentait le mazout et toussotait dans les côtes. Enfoncé dans la banquette près de mon père, j'allais, à dix ans, dans le pays de l'émir Abd el-Kader, soigner, au bord d'un oued plein de cailloux et de roseaux, mes rhumatismes à la station thermale de Hammam Bouhanifia.

Si j'avais été de son époque, de son âge et de sa ville, j'aurais, les yeux fermés et le cœur battant, suivi Zorah dans les venelles de la Casbah où certaines maisons ont la couleur de la neige qui n'est, dans mon souvenir, tombée qu'une seule fois dans les rues d'Oran.

15

Vous avez fini par rencontrer Zorah et vous insistez pour qu'elle pose pour vous. Elle ne parle pas français, mais vous avez tout de suite compris qu'elle vous a dit « non ». Elle a dû vous répondre avec une voix calme et en rougissant un peu, car je la crois timide et bien élevée.

Pierre-Auguste Renoir à qui vous rendez visite en 1899, s'était heurté aux mêmes difficultés à trouver des modèles lors de ses deux séjours aux printemps 1881 et 1882 à Alger où votre *Jardin de Renoir à Cagnes* est toujours conservé au musée des Beaux-Arts.

À côté de quelques paysages comme *Le Jardin d'essai*, *Le Ravin de la femme sauvage* et *La Mosquée*, le seul tableau contenant des personnages, il signera une imitation d'un détail de la toile d'Eugène Delacroix *Femmes d'Alger dans leur appartement* qu'il intitulera *Intérieur de harem à Montmartre*. Renoir, dont ce fut le premier voyage à l'étranger, aura l'honnêteté de préciser en sous-titre : *Parisiennes habillées en Algériennes*.

En Occident, être modèle, comme le furent pour vous, entre autres, Henriette Darricarrère ou la fidèle et dévouée Lydia Delectorskaya qui vous accompagnera jusqu'à la fin de votre vie, c'est exercer un métier ancien comme celui que pratique un vrai artisan.

Dans les pays musulmans et dans cette ville du Détroit considérée comme « infidèle » et tenue en suspicion par les sultans, c'est une honte, voire un péché. Même socialement déclassées, jamais Zorah ou Fatmah la mulâtresse, qui fréquentent plus les marabouts que les mosquées, les voyantes que les imams, ne s'exhiberont nues devant vous, car vous savez bien que la représentation du visage, du corps humain n'est pas autorisée en terre d'islam.

Seul le tatouage est toléré pour les deux sexes. Grand-père en avait un sur le dessus de sa main gauche. Il représentait un épi de blé aux pointes effilées. C'était sa protection contre la mort et la faim. Pour le graver, sa mère avait sollicité une *guezanna*, une femme très brune comme Fatmah, une diseuse de bonne aventure qui sortit, du fond de son sac en toile de jute, une fiole d'encre et des aiguilles enveloppées dans un bout de tissu.

Zorah, qui se dérobe encore à vous, obéissait-elle à cet interdit ? Je ne le pense pas. Plus qu'une affaire de religion, je crois, qu'en plus de son ignorance, elle était superstitieuse. Sans doute craignait-elle que votre œil ou celui, plus dangereux, du photographe lui jette un mauvais sort.

Nous n'avons pas de cliché de Zorah, seulement les études de son visage que vous avez faites sur papier à l'encre et au crayon. Elles auraient pu vous servir de portraits-robots pour partir à sa recherche, comme l'aurait fait Arsène Lupin, le gentleman-cambrioleur qui aime la peinture et les jolies femmes, et dont vous lisez avec plaisir les aventures.

Il y avait rarement de photos chez nous, sauf celles collées sur les documents officiels. Sur ceux de Grand-père et de mon père, il était écrit, je m'en souviens bien, qu'ils étaient des «Français musulmans d'Algérie».

Surveillée par son frère, Zorah, qui n'avait certainement aucun papier, aurait pu figurer sur une carte postale polissonne, les lèvres charnues et le buste dénudé comme les femmes des Ouled Naïls. Plus tard, vous apprendrez qu'elle était, malgré son jeune âge, pensionnaire dans une maison close. Vous vous souvenez alors que Delacroix pour composer son célèbre *Femmes d'Alger dans leur appartement* avait dû prendre, en 1834, pour modèles des prostituées de confession juive. Camoin et Marquet l'avaient fait avec des cocottes au *Bar des Roses*, un établissement louche de Saint-Tropez.

Picasso, lui, pour sa réplique à votre *Joie de vivre*, peindra ses *Demoiselles d'Avignon* censées représenter des filles de joie. Pour ce tableau qui sera, en 1907, le certificat de baptême du cubisme, il demandera à d'honorables dames de son entourage, comme la mère de Max Jacob, de poser pour lui.

16

La première fois que vous faites connaissance avec Zorah elle ne vous apparaît pas comme une odalisque flamboyante ou une madone des pauvres, même si certains critiques et historiens de l'art diront, en voyant *Zorah sur la terrasse*, qu'elle avait, en occupant la place centrale de votre Triptyque marocain, l'air d'une icône. Dans un entretien repris dans *La Chapelle de Vence. Journal d'une création*, vous déclarez à son propos: «On aurait dit une petite sainte.»

Pour vous le caractère d'un visage dessiné «ne dépend pas de ses diverses proportions mais de la lumière spirituelle qu'il reflète». Pour illustrer cette affirmation vous évoquez le monde végétal, en particulier les arbres comme le figuier qui m'est cher, un thème important pour vous et que vous avez commencé à développer lors de votre séjour en Corse, en 1898. « Dans un figuier, expliquez-vous, aucune feuille n'est pareille à une autre, elles sont très différentes de formes ; cependant chacune crie : figuier. » Le mien m'offrait l'ombre verte des siennes que j'entendais murmurer quand le vent soufflait ou craquer sous mes pas lorsqu'elles devenaient sèches. Avec son tronc plein de cicatrices, ses fourmis et ses toiles d'araignées, il était le pivot de ma cour de récréation, mon totem planté dans la terre battue et autour duquel je tournais comme un Indien heureux. Je ne lui en voulais pas de nous donner des fruits fades et cotonneux, il était plus vieux et plus fatigué que Grand-père. En été, sous son feuillage, il faisait, parfois, sa sieste ou prenait son café seul ou avec ses invités qui s'asseyaient sur des nattes d'alfa ou sur des petits bancs en bois.

Chez les Orientaux, dites-vous à Brassaï, les vides entre les feuilles comptent autant que les feuilles elles-mêmes. Pour vous chaque plante est un univers, il ne s'agit pas de copier une branche, mais de créer quelque chose qui lui soit équivalent. Vous ajoutez que vous ne croyez pas à l'habileté de la main et au fameux coup de crayon qu'on apprend à l'école. Il faut plutôt la libérer pour qu'elle soit guidée par le sentiment et non par la raison. Ainsi, vous pourriez, comme dans un rêve éveillé, dessiner presque les yeux fermés.

D'autres trouveront votre toile *Zorah sur la terrasse* tellement limpide et sereine qu'elle devenait, à leurs yeux étonnés, une énigme, un mystère comme ce royaume chérifien si beau qu'il en devenait violent. Un pays dur, affaibli parfois et dont les paysages sont pour vous « un message céleste en langue terrestre ».

Quel âge avait Zorah lorsque vous l'avez connue, Zorah dont le prénom signifie blancheur et innocence? Douze, treize ans? Une chose est certaine: elle est plus jeune que votre fille Marguerite qui posera plusieurs fois pour vous et que vous avez eue d'un premier mariage avec l'artiste Caroline Jobland, dite Camille. Durant votre absence, Marguerite est restée dans votre maison d'Issy-les-Moulineaux que vous venez d'acheter au 92, route de Clamart. Quant à vos deux fils, Jean et Pierre, toujours en bon père de famille, vous les avez confiés à leur grand-mère maternelle et à une proche.

17

Vous voulez, bien sûr, mieux connaître la région. À dos de mulet et avec Amélie, vous vous rendez, en traversant « une mer de fleurs » et un « champ d'herbes pur, virginal », à Tétouan. Vous passerez trois jours dans cette ville arabo-andalouse distante de soixante kilomètres de Tanger, la cosmopolite au visage buriné, comme celui d'un vieux corsaire, par les ressacs de la vie.

Bâtie au bord de l'Atlantique qui est un peu plus nerveux, plus turbulent que la Méditerranée, Tétouan, la seule cité que vous visiterez au Maroc, est fortement influencée par l'Espagne. Elle fit d'elle, en 1913, la capitale de son protectorat pour la partie nord du Maroc. Ici aussi, vous trouverez des rues prospères et de beaux monuments comme le Palais du Khalifa ou la Zaouïa de Sidi Ali Ben Baraka.

L'Espagne occupa également Oran pendant deux siècles et demi. Ses soldats seront, une première fois, chassés par le bey surnommé Bouchelagham, l'Ottoman aux longues moustaches, et définitivement par un terrible tremblement de terre, en 1790.

Comme à Tanger, plusieurs langues bourdonnent autour de vous : l'arabe dialectal, le berbère, l'hébreu, le français, l'anglais, l'italien et celle du pays de Velasquez qui a donné son nom à une artère de la ville du détroit.

Au coin d'une ruelle ou au creux d'une place, vous pouvez aussi entendre, jaillissant de la porte entrouverte d'une école coranique, des voix d'enfants. Dans une petite pièce sentant la poussière, la sueur et l'encre faite à partir de la laine de mouton brûlée, ils apprennent par cœur, sous la férule du *taleb* et au-dessus de leurs planches passées au kaolin, des versets du Coran.

Je ne sais si vous parlez l'espagnol, mon grand-père et son fils, c'est-à-dire mon père, se débrouillaient un peu en castillan.

À Oran, il me suffisait de lever la tête vers le

Front de mer, du côté du Plateau Saint-Michel ou de l'aéroport d'Es-Senia pour apercevoir Santa-Cruz, le fort de pierre ocre où dormit, en 1581, Miguel de Cervantes Saavedra. Il marqua, à sa façon, son passage ici : son téméraire Quichotte se battra avec les lions offerts au Roi par le gouverneur de la place.

Après cinq années passées au bagne d'Alger, dépêché pour une mission d'espionnage par la Couronne qui convoitait le port de Mostaganem, Cervantes prit le temps d'écrire *Le Vaillant Espagnol*, une pièce qui relate le siège d'Oran par les Turcs.

L'Espagne, c'est aussi les lieux de spectacles et de fêtes. En Afrique du Nord, Oran et Tanger, qui perdra son statut de ville internationale en 1956, sont les seules à posséder, après la Seconde Guerre mondiale, des arènes.

Peut-être êtes-vous allé au Gran Theatro Cervantes, construit au-dessous du boulevard Pasteur et de la Terrasse des Paresseux. Inauguré en 1913, il a accueilli, derrière ses faïences et sa façade Art déco, de nombreuses troupes et des vedettes européennes et anglo-saxonnes.

Près du fort et de la chapelle de Santa-Cruz, la *koubba*, le sanctuaire de Sidi Abdelkader, est posée comme une pierre blanche sur le plateau du Murdjadjo surplombant le village côtier de Mers el-Kébir qui a été le sujet d'une marine de Delacroix.

Pendant le Ramadan, c'est de là qu'était tiré le canon pour annoncer la rupture du jeûne. Au printemps et en été, les familles y montent pour pique-niquer ou admirer le panorama. On peut apercevoir la longue cheminée de l'usine d'électricité, la jetée avec ses gros blocs et, au-dessus de la gare maritime, l'horloge en pierre aux aiguilles noires.

Balayé par les vents de la mer, sans ses murs bas, ce marabout, qui voyait, sur la route en contrebas, passer les processions de l'Ascension et de Pâques, ressemble à celui de la rue Ben Abbou que vous avez peint en violet et en vert dans *La Casbah de Tanger*.

Dans un autoportrait à la plume et à l'encre, en redingote et la tête couverte d'un chapeau de paille, on vous voit, devant un autre sanctuaire, assis de profil sur un pliant. Vous êtes en train de dessiner sa coupole crénelée tandis que deux femmes voilées et sans âge passent, silencieuses et droites, sur la place pavée.

De mon enfance « espagnole », je me souviens d'Escamilla, Villanueva, Martinez et Saragoza, mes camarades de quartier et d'école. Je n'oublie pas non plus – nous étions les seuls musulmans de la classe – Ahmed Mimoun, Mokhtar Seguer et Brahim El Ouazzani, des enfants de Marocains de condition modeste.

Durs à la tâche, spécialisés dans le maraîchage, beaucoup de leurs compatriotes étaient venus des régions du Rif et du Nador pour louer leurs bras dans les fermes des colons de l'Oranie. D'autres tenaient de petites épiceries ou travaillaient dans la maçonnerie.

Quand la guerre éclatera, en 1850, entre le Maroc et l'Espagne, beaucoup de juifs, originaires d'Andalousie, quitteront, eux, Tétouan pour s'installer ici.

Parmi nos voisins de la rue Tardieu, il y avait le vieux Pepe, surnommé Calentica du nom du plat qui assura sa fortune et qu'il vendait, entre autres, dans un très beau kiosque du centre-ville. Comme à Tanger, la recette continue d'être faite à base de farine de pois chiches, de pain rassis et d'œufs. Cuit sur la plaque, saupoudré de sel et de cumin, il est toujours populaire et pas trop cher, comme la *bessara* que l'on sert dans tout le royaume, une soupe de fèves agrémentée d'un filet d'huile d'olive, d'une pincée de cumin ou de piment rouge moulu.

Pepe Calentica, qui portait souvent une veste en cuir marron comme les chaussures de Grand-père, roulait toujours en side-car, la tête couverte d'un casque rutilant. De temps à autre, on surprenait une tête curieuse qui dépassait au parapet de la terrasse de son immeuble pour jeter un regard sur notre cour.

Pepe avait beaucoup de locataires, dont un gendarme grand et fort, l'air toujours renfrogné. M. Sauveur-Galiaro me faisait peur avec son pistolet et ses bottes bien cirées qui brillaient tels deux gros poissons argentés nageant dans une eau noire. Je me souviens aussi que mon premier amour avait les yeux et la blondeur de sa fille, Madeleine.

18

Vous avez vécu quatre-vingt-cinq ans. Grand-père soixante-deux. Il était mort, à quelques mois de l'indépendance, après une courte maladie. Deux jours avant votre décès, le 3 novembre 1954 à Nice, le FLN, le Front de libération nationale, déclenchait l'insurrection armée qui allait peu à peu embraser l'Algérie.

Cet événement historique me rappelle la fameuse bataille d'Alger qui aura lieu trois ans plus tard et dont le centre névralgique fut la Casbah avec ses maisons closes, son labyrinthe, ses puits, ses ânes pour enlever les ordures, sa marmaille, ses caches et ses guetteurs. S'étageant face à la mer, ses terrasses facilitaient les déplacements des fedayines et leur fuite en cas de danger. Pour échapper aux contrôles, certains d'entre eux, comme l'ancien souteneur Ali La Pointe, se déguisaient quelquefois en femmes.

L'année qui suivit la fin de cette terrible guerre, qui dura sept ans, fut marquée par celle des « sables » avec le Maroc. Provoqué en 1963 par une querelle de frontière, le conflit éclata dans la région de Tindouf et de Figuig autrefois arpentée par Isabelle Eberhardt soupçonnée par certains d'être un agent de Lyautey.

Les relations entre le vieux Royaume et la jeune république socialiste ne furent pas toujours inamicales. Pour preuve : en 1844, la flotte du prince de Joinville bombarda Tanger pour punir le sultan Abd el-Rahmane qui soutenait l'émir Abd el-Kader dans sa lutte contre la conquête française.

Une chanson lilloise du Second Empire, que connaissaient peut-être vos parents, célébrait cet événement en langue ch'ti :

> *Abd el-Kader ! Te povos croire*
> *Qu'cha n'povot point continuei,*
> *Quand qu'un a bombardai Tanger*
> *Alors te povos perdre espoir.*

Quand que les Français sont rintreis d'din,
Te povos dire : me v'là din l'brin,
Ach't heure te v'là prigeonnier d'guerre
Te peux écrire tous tes forfeits.

Comme à Tanger, où le sultan Mohammed V lança, le 9 avril 1947 – l'année où Tériade édita votre *Jazz*, un superbe livre d'art –, son appel à l'indépendance qui sera proclamée en 1956, on continue dans ma ville natale à faire sécher sur les terrasses les tomates, les poivrons, les lambeaux de viande et les graines de couscous.

Entre ciel et terre, on y égorge aussi le mouton de l'Aïd el-Kébir avant de laver sa peau et de la frotter avec du sel et une pierre plate pour la rendre plus blanche et plus moelleuse. Si vous en aviez eu sur la selle en bois de votre mulet qui vous avait conduit à Tétouan, vous n'auriez pas eu à souffrir d'avoir, durant tout un jour, les fesses en compote.

Entre les murets où sont tendues des bâches, on célèbre également les mariages et les circoncisions au milieu des chants, du son des derboukas et des youyous qui fusent parfois comme des martinets dans le ciel.

Avec son élégante robe de soie ornée de larges croisillons dorés, Zorah aurait pu être parmi les plus belles et les plus élégantes des invitées. Le geste gracieux et un foulard serré autour de ses hanches, elle aurait, j'en suis sûr, été aussi l'une des meilleures danseuses.

Outre le commissariat de police, le rez-de-chaussée de l'immeuble de Pepe Calentica abritait une épicerie et deux salles de classe aux portes vitrées. Elles dépendaient de l'école Abadie située plus bas, dans la rue de Damas où se trouvait la fabrique de limonade dont l'entrée était marquée par deux gros palmiers. Elle attirait, à cause du sucre, beaucoup d'abeilles que je redoutais comme la piqûre, lorsque j'étais malade, sur la fesse ou sur le haut du bras.

Un peu plus haut, sur le même trottoir, il y avait *Le Kid*. Mon père, qui, comme son père, ne savait ni lire ni écrire, m'emmenait, lorsque j'avais cinq ou six ans, voir des westerns et des films de gangsters.

Depuis le début de la colonisation en 1830 et jusqu'en 1954, année où je rejoignais les bancs de l'école maternelle, aucun membre de ma famille n'avait été scolarisé. La seule fois où j'ai vu ma mère écrire, c'était, lorsque de mémoire et d'une façon hésitante, elle aligna, avec un stylo bleu, les lettres de notre patronyme sur la paume de ma main. J'avais huit ans. J'étais le premier et le seul garçon de la maison. Plus tard, j'aurai des frères, des cousins et des cousines.

Il n'y avait pas de calendriers illustrés, de portraits sous verre ou de tableaux accrochés à nos murs. Sur ceux de votre enfance à Bohain-en-Vermandois non plus. Les seules images que je regardais étaient celles des livres de classe, des bandes dessinées, les photos de films et l'affiche en couleurs placardée au fronton du *Kid*, qui me faisait parfois rêver et voyager loin.

Il pleuvait dans votre lit de bébé chez votre grand-mère paternelle où vous avez vu le jour la même année qu'André Gide et l'inauguration du canal de Suez par Napoléon III et la princesse Eugénie.

Notre toit aux tuiles ocre fuyait parfois. Nous n'avions pas de terrasse, mais du haut du figuier, si je ne pouvais pas apercevoir l'horloge en pierre du port, je pouvais, comme vous avec votre pinceau, caresser avec mes doigts la peau veloutée du ciel.

Le seul livre que possédaient mes parents, c'était le livret de famille rédigé en français avec des pleins, des déliés et des tampons officiels. Après eux, j'avais droit à moi tout seul à une page dont la moitié attendait, si je venais à disparaître, d'être remplie. Fort heureusement, il a été plutôt enrichi avec les prénoms et les dates de naissance de mes huit frères et sœurs. Avant d'en avoir trois, longtemps je suis resté sans sœur. Mon intérêt et mon affection pour Zorah venaient-ils, une quarantaine d'années plus tard, combler un peu ce vide ? J'aurai voulu qu'elle soit mon aînée.

19

Avant que la tuberculose, la syphilis et la guerre
– celle qualifiée pompeusement de Grande allait
éclater dans deux ans – ne continuent de gri-
gnoter la frivole et arrogante Europe, le ciel de
l'hiver 1912, où vous revenez à Tanger pour la
seconde et dernière fois, avait-il encore les yeux
de Zorah ? Les miens, vous le devinez, sont pleins
d'elle. Vous me l'avez rendue si proche que je voudrais, pour me sentir encore plus intime avec elle,
mieux connaître sa vie.

Je ne suis pas friand de mystère – son portrait
suffit pour cela –, mais j'aurais voulu, par exemple,
savoir si elle avait été amoureuse d'un homme
jeune comme elle, si elle s'était mariée et avait eu
des enfants et des petits-enfants. Est-ce une fille

de la ville ou de la campagne, chassée par l'exode et la misère? Avait-elle, elle aussi, contracté une phtisie ou une maladie vénérienne? À quel âge et en quelle année est-elle morte? Est-elle venue un jour en France, a-t-elle quitté jamais Tanger?

J'aurais également voulu savoir si son père ou l'un des siens avait été, en 1914, parmi les 35 000 Marocains envoyés se faire tuer à Verdun ou dans la Somme.

Au cours de cette année noire, vous voudrez vous engager, mais l'armée estime que vous êtes trop vieux pour faire la guerre. Avec les Prussiens, la Flandre française, dont vous êtes originaire, en avait, avant celle de 1939-45, connu deux, accompagnées, à chaque fois, d'une terrible occupation.

Votre souffrance sera plus grande lorsque votre femme et votre fille seront, pour faits de résistance, arrêtées, en 1944, par la Gestapo. Amélie réussira à se réfugier dans la forêt des Vosges après s'être enfuie du train qui l'emmenait en déportation. Marguerite sera, elle, emprisonnée durant six mois dans le camp de Ravensbrück. «Je peins, dites-vous, pour oublier tout le reste » et, comme d'habitude, pour ne pas sombrer, vous redoublez d'efforts dans votre travail.

Durant la Première Guerre, vous faites part de celui qui est en cours à Camoin, cantonné sur le front des Vosges, à Plombières et à Saint-Dié. Il concerne un sujet qui vous tient à cœur. « J'espère m'en sortir, mais que de peine. Je ne suis pas dans les tranchées, mais je m'en fais », lui écrivez-vous à propos de votre toile intitulée *Les Marocains*.

Achevée en 1916, elle est inspirée d'un petit café de la Casbah avec sa terrasse, ses grandes nattes, ses instruments en cuivre et ses *majmars* en terre cuite. Nourrie de votre mémoire encore fraîche et précise du Maroc, c'est assurément l'une de vos plus belles œuvres par sa composition audacieuse et sa rigueur abstraite.

On voit, en haut, sur la partie gauche, un balcon fleuri avec des formes géométriques, des maisons et un marabout avec leurs volumes et leur blancheur crémeuse. En bas, posées sur un étal, des pastèques et des coloquintes apportent leurs couleurs. Sur la partie droite, assis de dos, l'un des personnages, les jambes écartées, est vêtu d'un burnous avec une cape bleue. Portant un turban rond sur lequel se reflète la lumière, il regarde avec des jumelles quelque chose que nous ne voyons pas. L'ensemble, équilibré et lumineux, est relié par une surface noire qui ajoute à sa densité et à sa cohérence.

C'est ici, près du cap Spartel où le phare est planté au milieu des palmiers, là où l'océan et la mer s'épousent pour le meilleur et pour le pire, qu'Antée, le fils de Neptune et de Gaïa, baptisa la ville du nom de sa femme, Tinjis, Tanjah, en arabe. Le jour où il fut terrassé par Hercule venu cueillir les pommes d'or du jardin des Hespérides, « l'Europe aux anciens parapets » que fuyaient Rimbaud et Van Gogh, vos aînés de quinze ans, se sépara alors de l'Afrique dont Tanger est la porte, étroite et intime.

Van Gogh rêvait, lui, de mettre « en bocal le chaos ». Vous, ce seraient trois placides et inépuisables poissons rouges qui auraient pour noms équilibre, pureté et tranquillité. Trois mots qui résumeraient, comme vous le souhaitez dans vos *Notes d'un peintre* publiées en 1908, un art « sans

sujet inquiétant ou préoccupant », un art ana-
logue à un bon fauteuil qui délasserait des fatigues
physiques.

J'ignore le patronyme de Zorah. Peut-être avait-
elle changé de prénom pour exercer le métier de
prostituée qu'elle pratiquait à cause de la pauvreté.
Je ne connais pas non plus la profession de ses
parents, le nombre de ses frères et sœurs et l'endroit où elle habitait.

20

Avec *Fatmah la mulâtresse*, ce fut une autre histoire. Vous vouliez faire le pendant du petit Amido que vous aviez peint lors de votre premier séjour. Doté d'une belle prestance, il est vêtu, dans votre huile sur toile au cadrage serré, d'un saroual mauve qui lui arrive aux genoux, d'une veste turquoise sans manches et d'une chemise blanche fermée au cou. Les traits fins, la main posée au-dessus d'une sacoche en bandoulière, il regarde vers une fenêtre dont on aperçoit une partie du rideau. Debout, les pieds nus et longs, il a le côté gauche de son saroual et la manche de sa chemise crayonnés.

Le jeune garçon, qui travaille comme palefrenier à l'Hôtel Valentin, vous servira aussi d'interprète auprès de Fatmah à la beauté rugueuse et à l'air décidé comme l'était Amélie sur la photo de la chambre 35. Un matin, vous l'avez aperçue assise sur le pas de sa porte. Elle était libre et disposait de ses journées. Redoutable négociatrice, elle vous soutirera une forte somme.

Vous lui demandez de poser, comme Zorah, sur une terrasse. Ce jour-là, le vent, qui était au rendez-vous, faisait frissonner le linge, les hommes et la moustache des chats. Était-ce celui venu de l'ouest ou de l'est, le gharbi ou le chergui qui soufflent le froid, le chaud et poussent les nuages sur le parquet du ciel? Chargés de sel, de grains de sable et d'humidité, tous deux sont souvent irritants. Ce n'est pas eux, je crois, que vous craignez, mais le caractère farouche de Fatmah. Avait-elle sur sa poitrine, au creux de ses seins ou, épinglée à un coin de sa robe, une amulette qui la rendait encore plus forte, encore plus invulnérable?

Sur la toile, Fatmah se tient debout dans ses babouches jaunes, une main appuyée sur le rebord d'une table et l'autre glissée sous sa large ceinture blanche piquetée de perles de couleur. Vêtue d'un très beau caftan turquoise, bleu, jaune, violet et à fleurs roses, la tête couverte d'un chèche rouge, elle respire, avec son visage décidé, l'assurance et l'envie de se battre. Elle a aussi les épaules plus fortes et plus solides que celles de Zorah. Vous la comparez joliment à une «panthère allongée, au corps long, élégant et souple». Ce qui ne vous empêche pas de confier à Camoin, qui vous initiera au jeu d'échecs, qu'elle fut agaçante et qu'elle avait réussi à vous contrarier. Vous êtes tellement mécontent que vous mettrez du temps pour regarder attentivement votre toile.

Trois mois plus tôt, vous aviez réalisé aussi une *Zorah debout*. Sur un fond rouge-rosé, elle a, avec sa coiffe, l'air plus calme, plus fine que Fatmah. Fermée par une ceinture de la même couleur, sa djellaba verte, aux larges manches tachetées de blanc et de bleu, la recouvre jusqu'aux chevilles. Les liserés jaunes, noirs et blancs affinent sa silhouette. Chaussés de babouches, ses pieds sont longs comme ceux d'Amido.

Comme vos fenêtres et vos personnages qui

n'ont jamais le regard fuyant, ses yeux, un peu mélancoliques, parlent d'un monde qui lui appartient, celui que vous cherchez à comprendre, car, dites-vous, il faut du temps à un artiste pour savoir ce qu'il a mis dans sa toile. Plus que de la docilité ou de la soumission à la fatalité, je crois qu'il faut lire une douce détermination sur le visage de la jeune fille qui nous regarde en silence, et qui ne sait, comme des milliers d'autres, ni lire ni écrire.

21

C'est Amido qui retrouvera Zorah lors de votre second séjour qui commence le 8 octobre 1912. Le climat est à la sécheresse qui ressemble, avec ses couleurs ocre, à une «peau de lion». Malgré leurs forces et leurs pouvoirs, la mer et l'océan ne peuvent rien pour lui. L'eau se fait maigre dans les bouches des belles fontaines publiques. La lumière est jaune, l'air tiède et poussiéreux. Autour de vous, la nature a des teintes de paille et des tonalités de rouille. Entêtée et infatigable, la pluie, que vous ne peindrez pas, n'est plus là pour la féconder. Vous êtes désolé pour les fellahs et pour les citadins, mais cet état convient à votre travail de création.

Amido vous apprendra que Zorah vendait ses

charmes dans le quartier populaire de Hawmat B'nider où exercent, comme dans les fameux lupanars de Bousbir ouverts dans les années 1920 dans la vieille médina de Casablanca, des prostituées de différentes nationalités. Elle dispose d'une pièce de deux mètres sur deux, d'un matelas et d'une cruche d'eau dans ce bordel emprisonné comme une grosse mouche noire dans la toile de la Casbah aux murs figés dans la chaux, aux portes muettes et aux zelliges ébréchés.

Je me souviendrais toujours de celui de la rue de l'Aqueduc, à la façade violette et aux petites fenêtres, qui se dressait, à un quart d'heure du port, dans le quartier juif, derrière le théâtre municipal d'Oran.

La première fois où j'avais frappé à la lourde porte, la tenancière, le front orné d'un beau tatouage étoilé, avait refusé de me laisser entrer parce que je n'avais pas l'âge requis. Remué par la vision des dames alignées, dans les parfums chauds et la lumière rouge, sur l'escalier qui menait aux chambres et au paradis, j'attendais sur le trottoir, espérant qu'elle revienne sur sa décision. Cinq minutes après, un paysan, la quarantaine robuste et frisée, s'approcha de moi pour connaître les raisons de ce refus. Visiblement, lui aussi, venait pour la première fois dans une maison close. D'une voix timide, il me demanda alors, en sortant de sa poche son livret de famille, si, en le présentant à la tenancière, elle le laisserait passer.

Avec Amélie, vous avez employé un stratagème pour vous introduire dans le bordel où travaillait Zorah. Vous avez sollicité la patronne pour qu'elle vous laisse utiliser la terrasse interdite aux hommes et où, discrètement, votre modèle venait, entre deux clients, vous rejoindre. La présence de votre épouse sur les lieux provoqua naturellement des remous.

Un autre jour, d'une voix embarrassée, vous suggérez à Camoin de vous faire passer pour des médecins visitant les pensionnaires. Beaucoup de ces dernières avaient l'âge de Zorah. Zorah à peine pubère, la clandestine qui fuyait les coups de son frère, les couteaux des regards, le poison des langues et les redoutables policiers du Makhzen.

Zorah avec ses babouches jaune citron au dessin bleu comme celles de ma grand-mère qu'elle gardait dans son coffre en bois. Elle avait le même prénom que Zorah, mais avec la lettre *h* entre les deux syllabes. Haute, mince et les cheveux très noirs, elle était la fille d'un ouvrier agricole qui vivait, à une vingtaine de kilomètres d'Oran, dans une petite localité où nous allions une fois par mois.

Avec sa mairie aux volets marron, son église, sa gendarmerie et ses toits de tuiles rouges qui accueillaient en automne les cigognes d'Alsace, le village portait le nom de Charles Mangin, un colonel qui s'illustra, sous les ordres du général Lyautey, dans la prise de Marrakech en massacrant allégrement la population.

Comme un avertissement à ce qui allait inéluctablement advenir, Lyautey déclarera plus tard, quand le colonialisme prospère et triomphant, dont il fut l'un des plus solides piliers, montrera son véritable visage : « Il n'est pas juste de traiter les Berbères, Annamites, Arabes, Malgaches avec une condescendance dédaigneuse qui fait naître la haine et prépare les révoltes de demain… »

Peut-être vous souvenez-vous que Jaurès était, lui, bien avant son assassinat, contre la conquête du Maroc. Il avait aussi demandé la citoyenneté pour tous les musulmans d'Algérie.

22

C'est Zorah, l'analphabète, qui m'a permis, il y a une quinzaine d'années, de mieux vous découvrir. Ma rencontre avec vous ne s'est pas faite dans un musée ou au cours d'une conférence savante sur les ambiguïtés de l'orientalisme en peinture. Elle a tout simplement eu lieu, un jour de printemps, dans la bibliothèque Henri-Michaux, à Aubervilliers. En ouvrant par hasard un livre d'art, votre Zorah était là, dans sa lumineuse évidence, sa grâce et sa fragilité. Vous avez raison de dire qu'elle représente parfaitement le travail que vous avez accompli au Maroc.

Vous êtes content et rassuré, la plupart des tableaux de cette période, très vite exposés à Paris, à la galerie Bernheim-Jeune, connaîtront un grand succès. Huit d'entre eux rejoindront, en Russie, leurs commanditaires Morosov et Chtchoukine qui est marchand de tissus orientaux.

J'aime votre regard et la simplicité de votre ligne qui rend, à mes yeux, Zorah encore plus émouvante. Ils expriment votre volonté d'aller à l'essentiel, à travers notamment une économie du trait et un refus du beau idéal. Même quand vous laissez des blancs sur la toile, votre blanc, dites-vous, devient couleur. Vous cherchez ainsi à retrouver la pureté des moyens comme vous le souhaitiez pour le Fauvisme. Vos sculptures – vous en réaliserez une centaine – ont été certainement conçues dans cet esprit-là.

Vos efforts disent aussi votre rêve de voir la forme et la couleur ne faire qu'une et que la lumière finisse par ordonner les distances. Cela me fait penser à la phrase de Gustave Flaubert que j'ai notée un jour quelque part : « Le style, c'est le fond qui remonte à la surface. » Coloriste sensible et vigilant, vous essayez d'éviter la théorie, l'exotisme, l'ethnographie et le style trop décoratif ou anecdotique.

Si Diderot priait Dieu de l'en délivrer, pour vous un peintre se doit, tout en se détachant progressivement, d'être sans idée préconçue devant son modèle qui n'est jamais réduit à un rôle de figurant. Comme tout autre sujet, il s'agit, vous le précisez bien, de le représenter et non de le copier platement, car pour vous, comme pour Delacroix, l'exactitude n'est pas la vérité.

Vous expliquez aussi à Aragon, qui trouve dans vos dessins l'expression « d'une énorme chasteté », que l'artiste doit se « tenir en émotion », c'est-à-dire prendre le risque de vivre une sorte de flirt qui aboutirait au viol de lui-même.

23

Si votre épouse Amélie se méfie des femmes trop parfumées et de celles qui adoucissent leurs mains avec du henné, vous c'est de la politique, même si vous ajoutez qu'elle finit toujours par vous rattraper, car «bon gré, mal gré nous appartenons, dites-vous, à notre temps et nous partageons ses opinions, ses sentiments et même ses erreurs».

Rien dans votre œuvre, dans vos propos ou dans votre correspondance ne laisse supposer que votre regard sur ceux qu'on appelait les indigènes fut colonial, condescendant ou folklorique.

Malgré leurs bras ou leurs mains souvent invisibles ou gommés, vos personnages existent. Ils ne sont pas typés et consentants comme ceux des cartes postales. Celles que vous envoyez à Marquet – une vingtaine dont certaines ont été fabriquées en Espagne – représentent, sur un fond immuable de monuments pittoresques et de paysages idylliques, un cavalier arabe et son épouse montés sur un coursier, un musicien nègre, une Mauresque en costume de ville ou une danseuse orientale.

Vos femmes n'ondulent pas du ventre, et les hommes n'ont pas la posture hiératique des vieux des villages qui ont l'air un peu trop sage ou définitivement résigné. Même assis ou étendus, tous vos personnages sont en mouvement, toujours en errance, jamais au repos parce que dépossédés, comme Grand-père et les Indiens que je voyais au *Kid*, de leurs terres, de leur histoire et de leur mémoire.

Dépourvus de bijoux et de colifichets, mais revêtus de riches habits, les gens de Tanger – hommes et femmes – ne sont pas là pour cacher une misère réelle et quotidienne dans cette ville qui est la leur et où les étrangers, généralement aisés, vivent en vase clos. Leurs costumes et leur allure soulignent leur dignité et mettent simplement en valeur leur personnalité.

Mis à part l'utilisation d'une table ou d'un tapis, les décors dans lesquels vous faites évoluer les Tanjaouis sont ordinaires, dépouillés, voire presque absents.

Nous sommes loin du carton-pâte, des palmiers en pot et des figurants locaux déguisés en autochtones des Expositions universelles qui se sont succédé, depuis 1855, sur les bords de la Seine. Celles consacrées aux colonies, en 1906 à Paris et en 1922 à Marseille, contribuèrent aussi à alimenter et à perpétuer les fantasmes, les clichés et, parfois, les préjugés de milliers de visiteurs.

Bien qu'il considérât l'orientalisme comme artificiel et désuet, vous n'avez pas non plus le lyrisme sympathique et un peu fantaisiste de Pierre Loti qui écrivit que c'est à Tanger que finit la vieille Afrique.

Vous vous défiez aussi de l'héroïsme cocardier d'Horace Vernet qui s'était spécialisé dans la peinture militaire. Mesurant plus de 21 mètres sur presque 5, sa *Prise de la Smala d'Abd el-Kader* est le plus long et le plus hollywoodien des tableaux français.

24

Ainsi Zorah avait fini par s'offrir à votre regard d'artiste. Grâce à madame Davin, les premières séances eurent lieu à la Villa de France. Elles furent clandestines et prirent vite fin, son frère était à la maison. « Il la tuerait, écrivez-vous à Amélie, s'il savait qu'elle pose. » Mais vous avez eu le temps de la saisir, de la fixer, assise sur le sol devant un mur turquoise, les mains jointes et les cheveux noirs serrés par un foulard rose. Le visage un peu inquiet, elle est vêtue d'une robe ample, couleur sable, ouverte sur le milieu et ornée de broderies et de liserés rouges.

À dimension humaine, votre *Zorah sur la terrasse*, une huile sur toile de 116 cm sur 100, dont vous aviez signé une ébauche dessinée à l'encre noire, est accrochée, à Moscou, au Musée Pouchkine. Sous un ciel tranquille et derrière le muret touché par le soleil, Zorah, la femme du Sud à la peau mate, est entourée de vert, de jaune, et de violet. Sa tunique en soie bleue ornée de croisillons dorés et serrée par une ceinture marron couvre ses minces épaules. La tenancière du bordel lui avait fourni cette tenue de travail dont elle se servira jusqu'à ce qu'elle devienne inutilisable.

Quand elle posa debout dans sa tunique verte ou assise dans sa robe jaune, c'est vous qui l'avez habillée. Vous avez l'habitude de le faire avec vos modèles favoris que vous gardez longtemps, comme ces Italiennes vêtues en marocaines pour *Les Trois Sœurs*, un triptyque qu'on peut voir à la Fondation du docteur Barnes. Comme pour cette Française qui prit, en 1923, la place d'Aïcha dans *Aïcha et Laurette*, vous leur fabriquez également de grands chapeaux ornés de plumes d'autruche.

Vous accompagnez aussi votre fille Marguerite chez les couturières et, même si vous travaillez parfois en pyjama, ne dit-on pas que vous êtes le peintre le plus élégant de France?

Avec son visage de belle terre et ses mains absentes comme des mésanges envolées, Zorah est assise, les jambes repliées sous elle, près d'un bocal au pied rose où trois poissons dansent lentement. Ils n'appartiennent à aucune des deux mers nouées par un ruban inextricable et invisible. Ils viennent de la rivière des songes clandestins. Celle où je nage en secret avant de me noyer une seconde fois, celle-là entre un port, une horloge en pierre et le figuier de mon enfance, aujourd'hui cisaillé. La vieille maison, qu'il caressait de son ombre amicale et protectrice, s'est aussi évaporée. Liées par un mortier d'argile et de ciment, ses pierres de tailles différentes se sont dissoutes dans l'eau froide et fuyante du temps.

Trois années auparavant, mon père avait quitté la rue Tardieu. Comme Grand-père le fit pour venir s'installer à Oran, il loua, un matin, une charrette où il entassa nos affaires et nous partîmes habiter, pas loin de là, dans le quartier de Maraval. Avec ma mère et mes frères, nous le suivîmes à pied, silencieux et dignes. J'entends encore le bruit des sabots du cheval à la robe café au lait qui résonnait dans les rues désertes. Vingt minutes plus tard, nous arrivâmes, en passant par les Halles centrales, au 26, rue Roland-Garros où nous occupâmes une pièce unique dans laquelle ma mère faisait la cuisine et la lessive. Dehors, je retrouvais le même décor et le même paysage que ceux que je venais, non sans tristesse, de quitter. Il ne me restait plus qu'à me faire de nouveaux camarades.

25

Nous n'avions pas, dans la maison de Grand-père, de chat ou de chien. Je ne suis pas un spécialiste de votre œuvre ou un ami des bêtes déçu de ne pas les voir, dans votre peinture, souvent représentées. Dans votre univers parsemé de fenêtres telles des étoiles dans le firmament, j'ai remarqué, qu'à l'exception des poissons rouges, de quelques gouaches découpées ou du *Ciel*, votre tapisserie de Beauvais, il n'y a pas beaucoup d'animaux dans vos toiles, vos sculptures, vos lithographies ou vos dessins. Et pourtant vous aimez les chats que vous faites voyager en voiture ou en train et les nombreux oiseaux d'Europe et des Tropiques qui emplissent vos riches volières. En 1942, pendant l'Occupation, vous perdrez, faute de nourriture, les deux tiers d'entre eux.

Près du cimetière où Grand-père fait sa longue sieste à l'ombre d'une pierre grise inclinée, j'allais, avec mes camarades, chasser les moineaux avec de la glu que nous obtenions en faisant fondre des vieilles semelles de chaussures. Rassurez-vous, nous n'en attrapions aucun, mais on n'oubliait pas de revenir dans notre quartier avec des amandes, des oranges et des grappes de raisin noir qui laissait des traces sur nos lèvres. Nous les chapardions, selon les saisons et la vigilance des gardiens, dans les fermes du coin.

Sur une photo de Cartier-Bresson, prise en 1944 dans votre maison de Vence, vous êtes assis au milieu de trois cages. Vous dessinez un pigeon blanc dont vous devez sentir le corps tiède palpiter dans votre main. Vous l'observez longuement pour tenter d'imaginer et de saisir les arabesques de son vol dans la vaste et fertile toile du ciel et du monde. Une légèreté que l'on trouve dans votre fameux *Jazz* où les couleurs ordonnent et rythment les rêves, le voyage, les jeux et les contes.

En 1952, deux ans avant que vous nous quittiez, votre magnifique gouache découpée, *La Perruche et la Sirène*, témoigne de cette liesse, de cette grâce aérienne alors que, malade, vous êtes obligé de peindre dans votre lit ou dans votre fauteuil roulant. Grand-père souffrait, lui, d'une phlébite qui lui faisait traîner la jambe gauche. Il finit par abandonner pour toujours ses chaussures zit-zit pour des pantoufles molles et silencieuses.

Dans un autre cliché du photographe, un pigeon de la même couleur que le premier est posé sur votre épaule droite. Avec votre coiffe et vos lunettes rondes, vous ressemblez à un oiseleur des souks de Fès, de Damas ou du Caire. La barbe blanche et l'œil amusé, vous avez la même expression sur le visage dans votre *Autoportrait en Marocain*.

26

Dans votre jeunesse vous rêviez aussi d'exercer le métier de jockey, car, comme Grand-père, vous aimez les chevaux. Celui qui vous sert de monture pour vos promenades sur la plage et dans les alentours de Tanger s'appelle *Halouf*, «cochon» en arabe.

Modeste maquignon, mon grand-père Miloud, dont l'un de mes frères porte le prénom, m'avait emmené trois ou quatre fois aux Écuries Gomez situées à une centaine de mètres du cimetière chrétien de Tamazouëht.

Dans l'odeur des bêtes et de la litière humide, je l'entends encore, avec sa voix légèrement éraillée, discuter avec les éventuels acheteurs comme j'ai encore dans l'oreille les bruits, dans la cour aux cailloux jaunes, des sabots des moutons ou du vieux cheval qu'il allait conduire à l'abattoir.

C'est aussi dans cette cour que la lessive et la cuisine étaient faites souvent à ciel ouvert, au milieu des marmites, des bassines, des seaux, des grands plats en bois brun.

Remplis de charbon de bois, les braseros, attisés avec un soufflet en cuir ou un morceau de carton, nous servaient de cheminées en hiver. Lorsque la pluie durait longtemps, la cour devenait presque impraticable. Mon père posait alors des planches ou des madriers sur le sol pour que nous puissions atteindre le portail et accéder aux toilettes.

Par temps de grosse chaleur, je voyais courir les lézards sur les murs éclaboussés de soleil et sur lesquels glissaient lentement les ombres. Il me semblait, comme sur du papier peint, voir des profils, des visages et des formes d'animaux insolites.

Quelquefois, ce n'était pas une tête humaine, mais un chat curieux qui jetait un œil vers nous en déambulant sur le parapet de la terrasse de l'immeuble de Pepe Calentica.

Quand le soir tombait et que tout redevenait

calme, la flamme jaune cuivré du quinquet ondulait lentement dans le long tube de verre. Les bougies semblaient marquer de leur éclat les quatre points cardinaux de la maison qui n'allait pas tarder à sombrer dans le sommeil. Vaisseau en terre, en pierre et en bois, elle paraissait, comme vos personnages dans votre toile *Au Café arabe*, voguer dans l'espace.

Du plus loin de mon enfance me reviennent plusieurs visages aujourd'hui disparus et qui me sont restés chers. Comme ceux de Fatima, la jeune sœur de mon père, très tôt emportée par la maladie et de Sabria, la tante paternelle de ma mère, qu'une cruelle variole avait condamnée à demeurer toute sa vie célibataire. Ou encore celui de mon cousin Abdellah assassiné à vingt-quatre ans par les ultras de l'OAS et dont le corps, retrouvé sous le pont qui mène à l'aéroport d'Es-Senia, fut conservé, durant plus d'un mois, à la morgue de l'hôpital central. Le jour de son enterrement, une grande bouteille de parfum fut versée sur sa sépulture.

Je n'oublie pas aussi d'autres odeurs. Comme celle du pain de semoule cuit dans le four de boue et de paille hachée construit près du portail. Celles aussi de l'eau de Javel, du Crésyl, du suint, du miel chaud, des patates douces cuites sur le charbon et des sardines grillées. À la fois âcres et protectrices, les senteurs du benjoin, grésillant dans le brasero qu'on faisait circuler dans les pièces, étaient destinées à chasser les mauvais esprits, comme ceux que craignaient Zorah et Fatmah la mulâtresse.

Il y avait également le rituel du henné dont les feuilles sèches étaient broyées dans le mortier en fonte qui servait à moudre les épices ou le café. Sa couleur orange clair embellissait les pieds et la paume des mains des femmes, des fillettes et du petit garçon que j'étais et qui venait d'être circoncis par un coiffeur imbibé d'anisette. Cet après-midi-là mes tantes, les ombres vertes du figuier, les fourmis, les araignées et les lézards avaient dansé pour moi. Et je suis sûr que Zorah aimait le henné, cette « plante du paradis », où poussent également des iris bleus, des arums, des pervenches, des mimosas et des acanthes. Il y a aussi beaucoup de fenêtres et des terrasses qui donnent sur la mer « bleu-vert foncé comme une figue». Aujourd'hui, c'est là, dans cette vaste maison, qu'habitent, je crois, Zorah, Grand-père et vous, cher Monsieur Matisse qui avez, un jour, écrit : «J'ai compris que tout le labeur acharné de ma vie était pour la grande famille humaine, à laquelle devait être révélée un peu de la fraîche beauté du monde...»

Fait entre juillet 2009 et février 2010 à Avignon, Angoulême, Aubervilliers, Tétouan et Tanger.

Ouvrages et articles consultés

Aragon, Louis, *Henri Matisse, roman*, Paris, Gallimard, 2004.

Brassaï, *Les Artistes de ma vie*, Paris, Denoël, 1982.

Baudelaire, Charles, *Les Fleurs du mal*, illustrations de Henri Matisse, Paris, Le Chêne, 2007.

Blanchard, Pascal, Deroo, Éric, El Yazami, Driss, *Le Paris arabe*, Paris, La Découverte, 2003.

Correspondance Matisse-Camoin, présentée et annotée par Claudine Grammont, Lausanne, La Bibliothèque des Arts, 1997.

Correspondance entre Henri Matisse et Albert Marquet, présentée et annotée par Claudine Grammont, Lausanne, La Bibliothèque des Arts, 2008.

Courthion, Pierre, *Entretiens avec Matisse*, Paris, Archives Henri-Matisse, 1941.

Dalle, Ignace, *Maroc, histoire, société, culture*, Paris, La Découverte, 2007.

Viviane Forrester, *Van Gogh ou l'Enterrement dans les blés*, Paris, Seuil, 1983.

Galerie Delacroix / Institut français du Nord, Tanger et Tétouan. *Les débuts de la photographie (1870-1900)*, Paris, Somogy, 2003.

Girard, Xavier, *Matisse, une splendeur inouïe*, Paris, Gallimard, 1999.

Le Goût de Tanger, textes choisis et présentés par Clémence Boulouque, Paris, Le Mercure de France, 2004.

Le Maroc de Matisse, Paris, Institut du monde arabe / Gallimard, 1999.

Matisse, Henri, *Écrits et propos sur l'art*, présentés par Dominique Fourcade, Paris, Hermann, 1972.

Matisse, Henri, Couturier, A.-M., Rayssiguier, L.-B., *La Chapelle de Vence. Journal d'une création*, Genève, Skira, 1993.

Matisse au Maroc, Paris, Adam Biro, 1999.

Matisse, la période niçoise 1917-1929, Paris, Réunion des musées nationaux, 2003.

Millet, Laurence, *L'ABCdaire de Matisse*, Paris, Flammarion, 2002.

Néret, Gilles, *Delacroix*, Paris, Taschen, 2000.

Nonhoff, Nicola, *Paul Cézanne, sa vie, son œuvre*, Cologne, Könemann, 2000.

Nuridsany, Michel, *100 chefs-d'œuvre de la peinture*, Paris, Flammarion, 2006.

« Le Prince des Fauves, Roland Dorgelès », in *Henri Matisse, 1904-1917*, Paris, Éditions du centre Georges-Pompidou, 1993.

Schneider, Pierre, *Matisse*, Paris, Flammarion, 1992.

Spurling, Hillary, *Matisse 1869-1908*, Paris, Seuil, vol. 1, 2001.

Spurling, Hillary, *Matisse, le maître, 1909-1954*, Paris, Seuil, vol. 2, 2009.

«Tanger», *Tabadul*, Centre culturel du Monde arabe, Roubaix, décembre 2009.

Mes remerciements vont également à Madeleine Rouhier, qui m'ouvrit d'autres fenêtres sur l'art.

Œuvres de Henri Matisse citées :

Zorah sur la terrasse, Moscou, musée Pouchkine, 116 × 100 cm, 1912-1913.

Paysage vu d'une fenêtre, Moscou, musée Pouchkine, 115 × 80 cm, 1912.

La Femme au chapeau, San Francisco, collection Haas, 80,6 × 59,7 cm, 1905.

Le Rifain debout, Saint-Pétersbourg, musée de l'Ermitage, 145 × 96,5 cm, 1912-1913.

Les Marocains, New York, The Museum of Modern Art, 181,3 × 279,4 cm, 1915-1916.

Nature morte aux oranges, Paris, musée national Picasso, 94 × 83 cm, 1912.

Portrait d'André Derain, Londres, Tate Gallery, 39,4 × 28,9 cm, 1905.

L'Algérienne, Paris, musée national d'art moderne, 81 × 65 cm, 1909.

Nu bleu (souvenir de Biskra), Baltimore, The Museum of Art, 92,1 × 140,4 cm, 1907.

La Musique, Saint-Pétersbourg, musée de l'Ermitage, 260 × 389, 1910.

La Danse, Saint-Pétersbourg, musée de l'Ermitage, 260 × 391 cm, 1910.

Fenêtre ouverte à Tanger, collection particulière, 136,5 × 94,9 cm, 1912.

Luxe, calme et volupté, Paris, musée d'Orsay, 98,5 × 118 cm, 1904-1905.

La Joie de vivre, Merion (Pennsylvanie), Fondation Barnes, 174 × 238 cm, 1905-1906.

Les Acanthes, Stockholm, Moderna Museet, 115 × 80 cm, 1911-1913.

Les Pervenches, New York, The Museum of Modern Art, 116 × 80 cm, 1912.

La Palme, Washington D.C, National Gallery of Art, 117,5 × 81,9 cm, 1912.

Les Arums, Saint-Pétersbourg, musée de l'Ermitage, 146 × 97 cm, 1913.

Le Vase d'Iris, Saint-Petersbourg, Musée de l'Ermitage, 118 × 100 cm

Fatmah la mulâtresse, Soleure (Suisse), collection J. Muller, 147 × 61 cm, 1913.

Amido, Saint-Pétersbourg, musée de l'Ermitage, 146,5 × 61,3 cm, 1912

Zorah debout, Saint-Pétersbourg, musée de l'Ermitage, 146 × 61 cm, 1912.

Zorah assise (La Robe jaune), Lake Forest, collection
Cowles, 81,3 × 63,5 cm, 1912.

Le Café arabe, Saint-Pétersbourg, musée de l'Ermitage,
176 × 210 cm, 1913.

La Porte de la Casbah, Moscou, musée Pouchkine,
116 × 80 cm, 1912.

Trois Sœurs, Paris, Merion, fondation Barnes, 195,3 ×
96,8 cm, 1916.

La Perruche et la Sirène, Amsterdam, Stedelijk Museum,
773 × 337 cm, 1952.

Autoportrait en Marocain, collection particulière,
21 × 13,5 cm, 1916.

Du même auteur

Un été de cendres
récit,
Prix Tropiques et prix Découverte Albert-Camus
Michalon, 1995 et «Folio» n° 3362

Camus à Oran
récit
Michalon, 1995

Sable rouge
roman
Michalon, 1996

31, rue de l'Aigle
récit
Michalon, 1998 et «Folio» n° 3361

Mémoires de nègre
roman
Michalon, 1999 et «Points» n°P2086

Dites-leur de me laisser passer
nouvelles
Michalon, 2000

Camping
roman
Prix Amerigo-Vespucci
Seuil, 2002 et «Points» n°P1351

Gare du Nord
roman
Seuil, 2003 et «Points» n°P1421

Le Nez sur la vitre
roman
Prix Stendhal des lycéens, prix de la ville d'Ambronay
et prix littéraire de l'Afrique méditerranéenne/Maghreb
de l'Association des écrivains de langue française
Seuil, 2004 et « Points » n°P1420

Nos quartiers d'été
(photographies Philippe Dupuich)
chroniques
Le Temps qu'il fait, 2004

Le Caire qui bat
(photographies Philippe Dupuich)
récit
Michalon, 2006

Pain, Adour et fantaisie
chroniques
Le Castor Astral, 2006

La Maison qui passait par-là
(dessins Emmanuel Antoine)
récit
La Dragonne, 2006

Un Taxi vers la mer
(photographies Jean-André Bertozzi)
photoroman
Thierry Magnier, 2007

Un Moment d'oubli
Roman
Seuil, 2009

Le Seuil s'engage
pour la protection de l'environnement

Ce livre a été imprimé chez un imprimeur labellisé Imprim'Vert, marque créée en partenariat avec l'Agence de l'Eau, l'ADEME (Agence de l'Environnement et de la Maîtrise de l'Énergie) et l'UNIC (Union Nationale de l'Imprimerie et de la Communication).
La marque Imprim'Vert apporte trois garanties essentielles :
• la suppression totale de l'utilisation de produits toxiques ;
• la sécurisation des stockages de produits et de déchets dangereux ;
• la collecte et le traitement des produits dangereux.

RÉALISATION : PAO ÉDITIONS DU SEUIL
IMPRESSION : CORLET IMPRIMEUR S.A. À CONDÉ-SUR-NOIREAU
DÉPÔT LÉGAL : MAI 2010. N° 102417 (128806)
IMPRIMÉ EN FRANCE